Karin Kreutzer

Angst vor Fehlern? Schwerer Fehler!

Karin Kreutzer

Angst vor Fehlern? Schwerer Fehler!

Das Buch für Erfolgs-mutige Frauen.
Und solche, die es werden wollen.

Leykam

Einbandgestaltung: Andreas Pizsa, Wien
Einbandfoto: Peter Svec, Wien
Innenlayout: Heidrun Pirker, Graz

Druck: Druckerei Theiss GmbH, 9431 St. Stefan i. L.
ISBN 3-7011-7476-8

Inhalt

Liebe Leserin! Und natürlich auch lieber Leser!

"Angst vor Fehlern? Schwerer Fehler!" ist kein Guru-Buch. Eher schon ein Anti-Guru-Buch! Sie werden darin keine 10 Tipps für den sicheren Erfolg finden. Auch nicht die definitiv richtigen 10 Schritte zum ewigen Glück. Vergeblich suchen werden Sie auch das Rezept, um in 100 Tagen reich und schön zu sein. Und die einzig richtige Bewerbungsstrategie für den bestbezahlten, interessantesten Job auf Gottes Erden kann ich Ihnen in diesem Buch auch nicht anbieten. Schließlich bin ich kein Guru. Aber ein Beobachter, Hinterfrager und Empfinder. Und ich reflektiere gerne und viel. Oft allerdings mit einem amüsierten Augenzwinkerer statt mit tierischem Ernst. ;-)

Ich selbst habe als Leserin schon seit geraumer Zeit genug von diesen Wunder-Büchern. Sie erzeugen in mir nur Schuldgefühle, dass ich es bisher nicht geschafft habe, so toll zu werden. Und Stressgefühle, dass ich trotz strenger Einhaltung aller Checklisten und Tipps noch immer nicht so erfolgreich bin. Naja, wenn ich ehrlich bin, erzeugen sie in mir hin- und wieder auch ein bisschen Schadenfreude. Dann nämlich, wenn rauskommt, dass es selbst bei den scheinbar allwissenden Gurus und Belehrern auch nicht immer so Märchenbuch-mässig läuft ... ;-)

Jedenfalls finde ich, dass die Zeit reif ist für ein Anti-Guru-Buch! Eines, in dem Gefühle und Gedanken statt Do's und Dont's als weiterbringende Anregung beschrieben werden. Und weil ich kein solches Buch gefunden habe, hab ich nun selbst eines geschrieben.

Dafür hab ich viel beobachtet, interviewt und recherchiert. Quer durch alle Altersschichten, Männer und Frauen. Ich habe alles, was mir untergekommen ist an Anregungen, Geschichten, Beobachtungen, mit meinen 5 Sinnen aufgenommenen und reflektiert und dann die Personen dieses Buchs und ihre Gedanken und Erlebnisse entstehen lassen. Keine im Buch beschriebene Person existiert wirklich und doch existieren ihre Gedanken und Gefühle bei vielen Menschen jeden Tag. Jede Person dieses Buches ist frei erfunden und doch fand ich ihre Eigenschaften in vielen Menschen wieder. Keine bin ich und doch bin ich in jeder.

Was der Sinn von einem Anti-Guru-Buch für Sie sein kann? Es soll auf unterhaltsame, lebensnahe Art zur Diskussion anregen. Zur Diskussion mit sich selbst, mit anderen und natürlich auch mit mir (office@konzeptpr.at). Und es soll bestärken freigeistig zu denken, intensiv zu fühlen, Erlebnisse zu reflektieren und aktiv zu werden. Trotz der Gefahr einen Fehler zu machen! Denn oft sind gerade die schmerzvollsten und schlimmsten Fehler die Basis für den eigenen Fortschritt und den persönlichen Erfolg. Und ich glaube fest daran, dass es genau dieser Mut zum eigenen ICH ist, der uns 153 % erfolgreich macht ;-)))

In diesem Sinne: Viel Spaß beim Lesen, Denken, Diskutieren, Tun und Erleben!

Ihre
Karin Kreutzer

Ach ja – noch was ganz Wichtiges: Die That's it-Kästchen sind die "That's it" von Lili! Manchen werden Sie zustimmen, andere werden Sie ablehnen. Einige werden Sie annehmen, andere verwerfen. Und diese Vielfalt ist es, die das Leben bunt macht! – Das ist mein persönliches "That's it" ;-)

Shit – ich bin nicht perfekt!

"Ich bin keine graue, unscheinbare Maus. Ich will gehört werden. Und ich werde auch gehört. Ich kann durchaus stolz auf mich sein. Ich bin gut ausgebildet, eloquent, sehe nicht unappetitlich aus und hab auch schon den einen oder anderen Erfolg als Wirtschaftsprüferin erzielt. Ich weiß, was ich will. Und neunmal-klug, wie ich eben bin, weiß ich auch, was richtig und falsch ist auf dem Weg dorthin. Ich bin eine starke Frau", spreche ich mir trotzig zu, während ich mich nach einem 14-Stunden-Arbeitstag aus dem Business-Kostümchen schäle.

"Und trotz deiner Stärke fällst du wie eine Spät-Pubertierende immer und immer wieder in mentale Löcher. So ein Schmarren!", knurre ich mein Spiegelbild mit belegter Stimme an.

Dass ich so bin, wie ich heute mit meinen 34 Jahren bin, ist natürlich nicht vom Himmel gefallen. Sicher, eine gewisse Grundausstattung hab ich mitbekommen. Aber mit der allein kommt man nicht weit, bin ich überzeugt. Man braucht "Extras", um sich im Leben behaupten zu können. Ich hab viel in meine Extras investiert. Und arbeite immer noch hart an mir. Ich bin fachlich gut ausgebildet, habe in Wien und Chicago Wirtschaft studiert und bilde mich ständig weiter. Ich besuche sogar Kurse, um auch noch sozial intelligent zu werden. Und da ja bekanntlich Kleider Leute machen, überlasse ich auch das Outfit nicht dem Zufall. Achte darauf modisch, aber nicht zu schrill angezogen zu sein, um auch äußerlich dynamisch und trotzdem kompetent zu wirken.

Selbstwertgefühl-Verlust, die Erste

Eigentlich hätte ich alles gut im Griff – wären da nicht diese mentalen Gruben, in die ich immer wieder falle. Obwohl: Eigentlich falle ich nicht, sondern werde reingestoßen. Reingestoßen von Situationen oder Menschen, die mich aus den unterschiedlichsten Gründen an mir zweifeln lassen. Die von einer Sekunde zur anderen mein Selbstwertgefühl auf der zehnteiligen Selbstwertgefühl-Skala von zehn auf null bringen können.

So eine Person ist mir heute begegnet. Lucia Böhm. Sie ist auch Wirtschaftsprüferin. Nicht in einer großen Kanzlei wie ich, sondern allein als Steuerberaterin tätig. Lucia Böhm betreut jene kleine, aber sehr renommierte Software-Firma, mit der mein Klient, ein internationaler IT-Konzern, ein Joint Venture machen möchte. Wir hatten deshalb heute unsere erste Besprechung in ihrem schicken, kleinen Büro. So glamourös wie ihr Vorname ist ihr ganzes Auftreten. Blonde Langhaarmähne, viel Make-up, grell-roter Lippenstift, schrille Stimme. Sie spricht viel. Und viel davon gehört gar nicht zu unserem Fall. Sie erzählt recht unverblümt von ihren diversen anderen Kunden. Hält sich nicht so eisern an die Verschwiegenheitspflicht wie ich. Wobei: Eigentlich erzählt sie nicht wirklich Fachliches von ihren Kunden. Sondern vielmehr berichtet sie ständig von ihren diversen Erfahrungen und Erlebnissen. Und bei den Geschichten lässt sie dann wie beiläufig einige Promi-Namen fallen. Sie hat viele Szene-Kunden. Und jeder Einzelne ist immer "ein ganz lieber Freund". Ich wollte schon eine Stricherl-Liste machen und zählen, wie viele "ganz liebe Freunde" sie so während einer Meeting-Stunde hat. Eigentlich ist sie keine unnette Person. Aber eine von der Sorte, von der ich immer geglaubt habe, dass ich so nicht sein möchte. Allein schon, wie sie ständig ihre Haare mit ihren langen Fingern spielerisch über ihre Schulter wirft. Etwas zu lasziv und dümmlich wirkend nach meinem Geschmack. Und trotzdem hat sie in mir das Gefühl geweckt, dass ich das letzte und unfähigste Geschöpf auf dieser Erde bin. Ohne dass ich jetzt sagen könnte wodurch. Vielleicht durch ihr betont glamouröses und doch lockeres, selbstbewusstes Auftreten? Oder durch ihr Prahlen, wen sie nicht alles kennt, auf welchen Partys sie nicht überall Kunden akquiriert und wer sich nicht aller von ihr beraten lässt? Ich fühl mich nach dem Gespräch mit ihr einfach energielos und als Loser. Und ich will ja um Himmelswillen nicht zu den Losern zählen! Ich will perfekt sein. Beliebt und erfolgreich. Powerful und über alle erhaben. Gefragt, gehört und einflussreich.

In solchen Phasen des persönlichen Untergangs helfen mir für gewöhnlich zwei Dinge: das Gespräch mit einem Kollegen oder einer Kollegin des Vertrauens oder ein eiliges HELP-ME-Mail an meinen persönlichen Coach. Ersteres war heute weniger erfolgreich. Günter, mein Mentor in der Kanzlei, hat zwar, obwohl er unter Stress stand, mit einem Ohr zugehört, sein "aber du bist trotzdem eine tolle Wirtschaftsprüferin" hat mich nicht wirklich aus meinem Mental-Tief herausziehen können. Allein das Wort "trotzdem" hat mich noch einen Meter tiefer fallen lassen.

Es ist jetzt 23 Uhr. Was soll ich tun? Meinen Selbstzweifel mit Rotwein oder Prosecco stilgerecht runterspülen? Liegt im Trend, ist aber nicht meins. Am besten ich email mal Klara an. Klara ist Coach. Mein Coach. Sie hat mir schon bei etlichen beruflichen Entscheidungen durch ihren Input weitergeholfen. Sie ist zwar ganz anders als ich, aber ich kann Dinge von ihr annehmen. Das kann ich nicht von jedem. Schon gar nicht, was meine berufliche Entwicklung angeht.
Ich hatte jetzt schon länger keinen Kontakt mehr mit ihr. Aber das ist ja das Angenehme an einem Coach: Sie ist da, wenn ich sie brauche und erzeugt keine Schuldgefühle, wenn ich mich länger oder nicht regelmäßig bei ihr melde. Mit ein bisschen Glück ist sie noch online und schickt mir paar elektronische Streicheleinheiten.

Also setze ich mich vor meinen Laptop und tippe:

liebe klara!

ich hab heute lucia böhm, eine branchen-kollegin von mir, kennen gelernt. die prüft zum beispiel den bekannten promi-gastronom xaver schüttau. sie ist generell viel so in society und szene tätig und unterwegs. na, wunder - mit dem diven-vornamen!

obwohl: lucia wirkt mehr tussig als divig. sie ist nicht unhübsch. wirkt meines erachtens trotz ihrer sicher sau-teuren designer-klamotten ein bisschen billig. oder zumindest zu auffallend - mit ihrer grellen schminke und den langen, schlanken beinen in den sexy high-heels.
jedenfalls scheint sie sehr erfolgreich zu sein. sie betont auch ständig, dass ihr eigentlich alles nur so zufliegt. dass sie so beliebt ist, dass sie jeder weiterempfiehlt. und dass sie statt köpfchen auch mal bein einsetzt und dass doch jede frau blöd ist, die das nicht macht. wie sie das gesagt hat, hab ich meine stampfer

unter dem schicken glas-tisch betrachtet und gedacht, dass ich mit denen wohl höchstens aus mitgefühl geschäfte bekäme. ich bin innerlich verfallen und ärgerte mich total keine hose sondern so einen dämlichen rock anzuhaben.

"wir wissen doch beide, dass einladungen zu schicken großevents nett und gut für die publicity sind. aber die wirklichen geschäfte schließt man doch danach bei den kleinen, feinen privateinladungen ab", war die feststellung von ihr, die mich überhaupt gleich als versager fühlen hat lassen. weder bin ich oft zu schicken großevents eingeladen, geschweige denn auf kleinen, feinen privatparties!
statt lachend auf irgendwelchen schößen sitz ich des nächtens grübelnd über bilanzen, um ja auch pünktlich alles feinsäuberlich und fehlerfrei beim kunden abzuliefern.

jedenfalls hab ich mir da wieder einmal gedacht, dass ich so ganz und gar keine powerfrau bin. ich bin soweit weg von diesen tollen frauen, die da in den diversen zeitungen und zeitschriften immer abgebildet sind: schön. gefragt. gescheit. mit mann, kindern, hund und tollem job ausgestattet. berühmt und beliebt. niemals überfordert, weil perfekt organisiert und fehlerfrei.

und jetzt frag ich mich, ob man mit meiner persönlichkeit und meinen fachlichen fähigkeiten vielleicht doch besser ganz versteckt im hintergrund zuarbeiten sollte. ich mein, ich will ja schon so richtig erfolgreich sein und mich auch im erfolg sonnen. aber wer weiß, ob ich nicht doch stecken bleibe und so eine mittelprächtige steuerberaterin bleib *igitt*.
du merkst, ich bin etwas in der sinnkrise!! weiß nicht genau warum - vielleicht bekomm ich die regel, da hab ich das eigentlich öfters - aber vielleicht ist es ja auch meine innere stimme, die mir jetzt kommunizieren will "vergiss es, du bist für die karriere nicht geschaffen"!

falls du online bist, mail mir doch deine einschätzung der dinge.

gn8
lili

Das Anklicken des "Senden"-Buttons verschafft mir seltsamerweise schon die erste Erleichterung. Ist fast so, als ob ich einen Teil meiner Zweifel abgeschickt hätte. Bin trotzdem schon neugierig, was Klara mir antworten wird. Und obwohl ich jetzt eigentlich todmüde bin, surfe ich im Internet noch ein bisschen herum in der Hoffnung auf den Frame "you have got a mail". Und ich habe Glück. Klara antwortet umgehend und findet wie meist die für die Situation richtigen Worte.

mädelchen!
was sind denn das für töne?! es gibt solche und solche wirtschaftsprüferinnen. wenn du so eine promi-wirtschaftsprüferin wärst, würdest du vielleicht nie seriöse unternehmen bekommen und hättest null privatleben. die kochen doch alle nur mit wasser! viele unternehmen wollen mit so leuten im rampenlicht gar nicht zusammenarbeiten. was du zu bieten hast, ist einfach für andere leute gedacht, für geschliffene edelsteinleute mit klassischen werthaltungen, mach dir keine gedanken. und die phrase "ich kenne die szene" heißt im subtext leider nur allzu oft "wir sind alle alkoholiker, na und?" - lass dich nicht beeindrucken von so was und schon gar nicht verunsichern.

so jetzt hol dir einen riegel schokolade gegen dein PMS, zieh deinen ganzkörperpyjama an und leg eine barry white-cd auf ☺

coaching text/ende ☺

liebe grüße
klara

ps: und, wenn es morgen nicht vorbei ist, dann ruf mich an und wir machen uns einen termin aus und reflektieren mal deinen karriereweg.

Klara hat recht. Ich bin ich. Und ich hab meinen eigenen USP!

Ich bin ich. Und ich habe meinen eigenen USP!

Selbstwertgefühl-Verlust, die Zweite

Ich kann es überhaupt nicht glauben. Er will sich scheiden lassen! Und nicht einmal selbst sagen kann er mir das, dieser feige Hund. Via Rechtsanwaltsbrief informiert er mich. Ich versteh das nicht. So war mein Drehbuch nicht geschrieben! Sicher, unsere Beziehung war nach drei Jahren Ehe schon ganz schön lahm. Gesprochen haben wir nicht mehr viel miteinander und Sex gab es noch weniger. Deshalb bin ich ja auch ausgezogen. Hab mich wieder in mein altes Studenten-Appartement einquartiert. Aber das war ja nur zum Übergang geplant. Nur so zum Wachrütteln. Damit er merkt, wie ich ihm fehle, wenn ich in der Nacht nicht neben ihm liege. Meinem gedanklichen Drehbuch entsprechend hätte er kurz und intensiv leiden sollen: Sich dadurch erinnern, dass er mich unsagbar braucht und es ihm ab sofort ein inniges Bedürfnis ist, mich mit Aufmerksamkeit und Liebe zu überschütten! Wie der edle Ritter auf seinem weißen Schimmel sollte er kommen und mich hier aus dem Turm des Genossenschaftsbaus wieder zu sich in unsere edle Schloss-Wohnung holen. Buhlen hätte er um mich sollen, nicht sich in eine andere verlieben! ER hätte leiden sollen, nicht ICH.

Ich bin so wütend. Ich hab schon von gemeinsamen Freunden gehört, dass er jetzt mit einer jüngeren schwarzhaarigen Schönheit herumzieht. Das hat mich schon verletzt. Aber ich dachte: "O.k., das ist Trotz – nach ein paar Wochen wird ihm die eh zu fad." Aber von wegen zu fad! Bah.

"Wie konnte es nur so weit kommen?", frage ich mich – ganz sachliche Wirtschaftsprüferin – zwischen zwei – weniger sachlichen – Weinkrämpfen. Und versuche so, die letzten fünf Jahre analytisch und mit möglichst geringen Emotionen zu durchleuchten.

Wir haben uns doch echt gern gehabt. Uns gut verstanden. Nächtelang konnten wir uns über Filme und Schauspieler unterhalten. Kino war unsere große Leidenschaft. Aber noch lieber mochte ich die gemeinsamen Cineasten-Sonntage im Bett. Eingekuschelt unter einer Decke, mit Chips, Cola und Schokolade versorgt und mit "Besser geht's nicht" im Videorekorder. Den Film haben wir sicher an die 20 Mal gesehen. Ja, in den ersten drei Jahren verbrachten wir viele Sonntage videoschauend im Bett. Mit der Zeit wurden diese Kuschel-Sonntage aber immer seltener. Im letzten Jahr haben wir überhaupt nur noch getrennt Video geschaut.

Er im Wohnzimmer seine Action-Filme auf DVD, die mich überhaupt nicht interessieren – ich im Schlafzimmer, unverändert auf der Romantik-Welle.

Ich dachte, nach all den chaotischen Beziehungen, die ich vor Max hatte, wäre das jetzt endlich eine wirklich fixe. Eben eine zum Heiraten. So für die Ewigkeit. Nicht, dass das je mein großer Lebenstraum gewesen wäre oder gar so geplant. Geplant hab ich immer nur meine Karriere. Aber nicht mein privates Leben. Da ist alles irgendwie gekommen und eben meist auch wieder gegangen. Mich mit meinem Privatleben intensiver auseinandersetzen, war nicht geplant. Dafür war ja auch bisher nie wirklich Zeit.

Zuerst war ich mit Ausbildung beschäftigt, da hätte ich eine fixe Beziehung ohnedies nicht gewollt und jetzt im Job heißt es Totaleinsatz. Ich bin eine Frau, ich muss doppelten Einsatz bringen, um mithalten zu können in dieser Männerwelt. Und Männer planen ihr Familienleben doch auch nicht. Da passiert doch meist auch alles eher zufällig. Das beobachte ich nicht nur, das sagen sie ja auch frei raus!

Während eines Seminars zum Thema "Wirtschaftsprüfung erfolgreich verkaufen" hab ich mich einmal mit einigen männlichen Teilnehmern beim Abendessen über Erfolg unterhalten. Da sind wir zu dem Schluss gekommen, dass Erfolg auch eine private Komponente hat. Die wird aber erst nach und nach gesellschaftsfähig, so unter dem Schlagwort "work-life-balance". Trotzdem: Wer eine zerrüttete Ehe, aber einen Vorstandsposten hat, gilt sicher als erfolgreicher als einer, der eine tolle Lebenspartnerschaft hat, aber der siebente Zwerg in der dritten Reihe ist.

Obwohl: Von Frauen wird schon auch ein geordnetes Familienleben erwartet. Wenn schon erfolgreich im Job, dann bitte auch verständnisvolle Ehefrau und optimal organisierte Mutter. Weil frau soll ja schon fraulich bleiben. Grrr – wie ich wütend bin. Ich wollte ja ohnedies alles perfekt machen. Wollte perfekt im Beruf und perfekt in der Ehe sein. Nur das mit dem Kind habe ich aus Sorge an Perfektion einzubüßen verschoben. Eh nur verschoben. Und jetzt das!

Nach drei Minuten ohne Tränen, aber mit zwei abgebissenen Fingernägeln fühle ich mich so allein wie damals an meinem ersten Kindergartentag. Abgegeben und verlassen, weil nicht perfekt und deshalb ungeliebt.

"Was muss ich für ein entsetzlicher Mensch sein, dass man mich einfach so austauscht?", wimmere ich heulend wie ein Schlosshund in mein Telefon: "Ich bin das absolut Letzte." Moni, meine engste Freundin und Retterin in jeder Lebensnotlage, versucht mich zu beruhigen. Vergebens.

Ich: "Ich will keine geschiedene Frau sein. Ich will nicht allein sein. Ich weiß ja gar nicht mal mehr, wie das geht einen neuen Mann kennen zu lernen. Außerdem bin ich über 30. Wer will denn noch eine Frau über 30."

Moni: "Bitte, zwischen 30 und 40 sind die 10 besten Jahre einer Frau – wir sind schön und begehrenswert wie nie."

Ich: "Und, wer bitte soll mich begehren? Es gibt ja überhaupt keine freien Männer in unserem Alter."

Moni: "Blödsinn. Natürlich gibt es welche."

Ich: "Wer bitte?"

Moni: "Na z. B. Egon."

Ich: "O.k., Trottel gibt es schon. Aber ich will ja keinen Trottel. Ich will einen ganz normalen, lieben, lustigen Mann. Einen wie Max – wie meinen früheren Max. Nein, ich will nie wieder einen Mann."

Moni gibt auf. Mit Telefonseelsorge kommt sie nicht weiter. Hier ist ein Emergency Einsatz notwendig. Persönliches vor Ort Sein, gemeinsames Schimpfen auf die Männer und auf Max im Besonderen. Totale Solidarität.

Meine Arbeitskollegin Natascha hat mal gemeint, dass Frauen sich nur in der Not solidarisieren und den Erfolg im Gegensatz zu Männern nicht teilen können. Ich hab hingegen erfahren, dass Frauen, die sich mögen, den Erfolg sehr wohl auch teilen können, aber in der Not sind die wenigen echten Freundinnen wirklich unbezahlbar. Sie geben einem das Gefühl, nicht einfach austauschbar zu sein.

THAT'S IT!

Ich bin ersetzbar, aber nicht austauschbar.

Auch "Positiv-Denken" hat einmal ein Ende

8 Uhr morgens. Mit verschwollenen Augen schlepp ich mich schwerfällig wie ein Sack voll Steinen zur Arbeit. Ein Sack voll mit Zweifel- und Sorge-Steinen. Ich kann mich kaum bewegen, bin schon nach wenigen Schritten vom Schleppen total

erschöpft. Und niemand ist da, der mir wenigstens einige Steine wegnehmen könnte. Im Gegenteil, bei jedem Schritt scheinen noch weitere Zweifel-Steine dazuzukommen: Ich bin mir nicht sicher, ob ich clever genug für die von mir angestrebte Karriere bin. Ich bin mir nicht sicher, was ich generell für ein Mensch bin. Bin ich eine beziehungsunfähige Tussi, die man nicht lieben kann? Warum bin ich nicht begehrt und umschwärmt? Und vor allem, warum gibt es nicht einen einzigen Mann – nur einen einzigen – mehr will ich ja gar nicht –, der mich irrsinnig begehrt und umschwärmt? So sehr, dass er mit mir bis ins hohe Alter leben und mich lieben möchte! Sind meine unförmigen Beine dran schuld? Oder ist meine gesamte Persönlichkeit einfach unangenehm, nicht liebenswert? Bin ich zu besserwisserisch, zu kritisch, zu ernsthaft, zu unlocker oder zu bieder?

Das Zusammentreffen mit der locker flockigen und trotzdem scheinbar sehr erfolgreichen Society-Wirtschaftsprüferin vor einigen Tagen war für mich schon ein gemütsmäßig heftiges, das mich an mir und meiner Arbeits- und Lebens-Sicht zweifeln hat lassen. Aber der Scheidungsbrief gestern früh hat mir erst den richtigen Selbstwertgefühl-Knick gegeben.

"Du musst positiv denken", ist eine Maxime unseres obersten Bosses. "Egal was ist, immer denken, mir geht's blendend. Was macht denn das für einen Eindruck, wenn du so niedergeschlagen durch die Welt läufst. Deine Probleme interessieren die Leute nicht. Egal was passiert, du musst den Menschen vermitteln, dass du alles bestens im Griff hast. Nur so wirkst du belastbar und erfolgreich. Außerdem gibt es ohnedies keine Probleme, nur Herausforderungen. Und wer mit solchen im Leben nicht umgehen kann, ist selbst schuld.", predigt er. Vor allem wenn er auf Menschen trifft, die gerade mal nicht in Top-Laune sind. Er selbst wirkt zwar etwas unecht und immer häufiger wie ein drittklassiger Schauspieler, aber stets bemüht Europas bester "American Business-way of live"-Interpret zu sein.

Ich glaub ja auch fest an die Kraft der Gedanken. Aber positive Gedanken aufbringen – das schaffe ich jetzt beim besten Willen nicht. Was soll an meiner Situation auch positiv sein? Ich bin Mitte 30. Ich bin eine verlassene, gehörnte Frau. Ich schufte 60 Stunden die Woche wie ein Tier. Versuche beste Leistungen zu bringen, besser als alle anderen zu sein. Und trotzdem bin ich noch nicht Partnerin in unserer Kanzlei, hab die Partnerschaft erst für nächstes Jahr in Aussicht gestellt bekommen und verdiene von allen Wirtschaftsprüfern in unserer Kanzlei auch noch am wenigsten. "Aber dafür sind Sie die erste Frau, die wir in unsere Partnerschaft aufnehmen werden", hab ich als Zuckerl statt der gehaltsmäßigen Gleichstellung mit meinen männlichen Kollegen bekommen. Allerdings folgte auf das Zuckerl auch gleich die Rute im Fenster: "Aber Sie müssen schon hart dran bleiben, Frau Kollegin. Diese Partnerschafts-Zusage ist noch nicht in Stein gemeißelt."

"SORGE DICH NICHT, LEBE! B-R" les ich auf meinem Handy. Ein lieb gemeintes, aber gänzlich verfehltes SMS von meinem Bruder. Er wirft mir ohnedies ständig vor, zu uncool ans Leben ranzugehen. Mir zu viele Sorgen zu machen. Zu ernsthaft zu sein. Aber als ich einmal vergessen hab, ihm Eintrittskarten für die Stones zu besorgen, da fand er mich auch nicht einfach cool und locker, sondern schlicht unzuverlässig.

Ich will mich nicht verstellen und immer lieb lächeln! Ich will zu meinen Gefühlen stehen. Will nicht Theater spielen vor der Öffentlichkeit. Und wenn mir danach ist, auch mal traurige, wütende oder sorgenvolle Augen machen. Zu oft habe ich beobachtet, dass das ständig positive Denken von abendlichen Alkohol-Hochdosierungen oder pharmazeutisch-hergestellten Stimmungsaufhellern begleitet war. Danke, nein.

Da find ich das E-Mail von Moni schon viel hilfreicher:

Meine liebe arme Lili!

Jetzt leistest du dir mal ein paar Tage ordentliche Trauerarbeit. Da hast du ja auch wirklich allen Grund dazu. Spiel niemanden nix vor und sei auch in dieser Krise authentisch wie du immer bist. Weine und jammere ruhig, wenn dir danach ist. Auch starke Menschen dürfen einmal schwach und verletzt sein!

Lass uns doch ein paar Tage wegfahren. Haben wir eh schon lange nicht mehr gemacht. Zum Beispiel übers Wochenende in so eine kuschelige Beautyfarm. Nur wir beide. Zwei Tage nichts als relaxen, lesen und plauschen. Und danach geht das Neu-Orientieren deines Lebens sicher

```
leichter. Gib mir kurz Bescheid. Ich check dann alles. Du brauchst
dich um nichts kümmern. Bis auf deine Sachen packen halt. ;-))

Freu mich schon!

Bussi
Moni
```

THAT'S IT!

Auch starke Menschen dürfen einmal schwach und verletzt sein.

Karriere - aller Beziehungsende Anfang?

Warme, gefühlvolle Hände, die mich kräftig und doch angenehm berühren. Auch wenn's nur der Masseur ist – es ist herrlich! Monis Idee mit dem Beauty-Farm-Wochenende war genial. Niemanden sehen, mit niemandem reden und keinem Antwort stehen müssen, ist wohl das beste Wochenend-Programm für meinen derzeitigen Gemütszustand. Das Handy ist im off-Modus und die Mailbox höre ich nicht ab. Schon seltsam, wie sich plötzlich die lieben, sonst so "vielbeschäftigten" Freunde melden, um einen auf dem Laufenden zu halten, wo sie gerade zufällig Max mit neuer Flamme glücklich turtelnd gesehen haben. "Wir informieren dich nur, damit du am laufenden bist und es von niemanden hinterrücks erfährst. Das ist dir doch recht, oder?" Nein, ist es mir nicht! Erstens will ich gar nicht hören, wie glücklich Max ist, weil er eigentlich laut meinem Drehbuch gerade in seiner unglücklichsten Lebensphase sein sollte und nicht im siebenten Himmel. Und zweitens, weil ich irgendwie das Gefühl habe, dass ihr Lieben das Ganze für eine Real-Reality-Show haltet, die euch einen angenehmen "hihi – jetzt gehts jemandem schlechter als uns"-Kick gibt. Mit mir als tragischem Hauptakteur.

Was ich aber leider nicht wie mein Mobiltelefon abstellen kann, sind meine Gedanken. Totales Chaos spielt sich in meinem Gehirn ab. Wie soll mein Leben nun weitergehen? Werde ich den Rest meines Lebens als Geschiedene verbringen müssen? Werde ich eine von diesen traurigen Gestalten werden, die samstags und auf den diversen Bürofeiern nach lauen One-Night-Stands lechzt, nur um mir und der Welt zu beweisen, dass ich eh einen Mann haben könnte, wenn ich nur wollte?

Wie werden meine Chefs und die Kollegen im Büro auf die Scheidung reagieren? Werden sie froh sein, dass ich mich jetzt noch mehr in die Arbeit stürze? Oder werden sie das Scheitern meiner Ehe ab nun auch immer bei Konflikten im beruflichen Umfeld als Begründung hernehmen? So nach dem Motto: Ihre herrische Art hat ja nicht mal ihr Mann ausgehalten. Oder: Diesen Standpunkt vertritt sie ja nur deshalb so vehement, weil sie unbefriedigt ist und unbefriedigte Menschen sind ja bekanntlich ungenießbar.

Schon seltsam wie unterschiedlich die wenigen Menschen reagiert haben, denen ich von Max Scheidungswunsch bisher erzählt habe. Meine Freundin Eva hat mir einen unlängst erschienen Zeitungsartikel gemailt:

EHE IM OUT

Fast jede zweite Ehe endet vor dem Scheidungsrichter. 2002 waren es rd. 19.600 Paare, die sich offiziell trennten. Das Scheidungsrisiko liegt lt. Statistik Austria bei 44,4 %. In Wien liegt die Scheidungsrate mit 54,6 % am Höchsten.

Ihre abschließende Anmerkung: Sweetie, take it easy – du liegst im Trend ;-))

Typisch Eva. Ein bisschen oberflächlich, aber originell und immer positiv.

Ganz im Gegensatz dazu der sorgenvolle Vorwurf meiner Mutter: "Ach Lili, was ich dir immer gesagt habe. Du bist zu ehrgeizig im Job, verbringst zuviel Zeit im Büro. Das mögen Männer nicht. Da bekommen sie Angst, nicht mehr die Nummer eins zu sein. Da fühlen sie sich schnell vernachlässigt. "

Ob mein Karrierewunsch wirklich der Grund für das Scheitern meiner Ehe war? Eine praktische Lösung wäre es. Leicht erklärt: "Wir mussten halt beide in letzter Zeit so viele Überstunden machen, da blieb uns keine Zeit mehr für ein Eheleben." In unserem Bekanntenkreis eine gesellschaftlich gut akzeptierte Begründung. Weil das ungeschriebene Gesetz der Erfolgreichen doch lautet: Wer viel arbeitet = pflichtbewusst = viel gefragt = unabkömmlich = ein guter Mensch = ein gut verdienender Mensch = ein wertvoller Mensch für die Gesellschaft. Da ist es dann verzeihlich, wenn er beziehungsmäßig nichts auf die Reihe bekommt. Denn alles hat nun mal seinen Preis. Und der "gute" Karrierist opfert sich halt im Zweifel persönlich auf und verzichtet auf funktionierende Lebensgemeinschaften und private Freundschaften. Die bleiben halt den weniger fleißigen Menschen vorbehalten.

Ich schüttle instinktiv meinen Kopf. Was den Masseur erschreckt, weil er glaubt, dass ich mit seiner Massage nicht zufrieden bin. Dabei denke ich nur ärgerlich an den Karriere-Vorwurf meiner Mutter. "So ein Schmarren!", fluche ich gedanklich. Der Einsatz im Beruf kann es zumindest nicht allein sein. Moni und ihr Mann arbeiten auch seit Jahren sehr viel und haben eine stabile Beziehung. Gehen noch immer liebevoll miteinander um. Streicheln sich über die Wangen oder küssen sich auch zwischendurch einfach mal so. Telefonieren mehrmals täglich miteinander, wenn sie mal getrennt sind, oder schicken sich E-Mails, in denen sie sich nach dem Befinden des anderen wirklich interessiert erkundigen. Und immer wieder freuen sie sich einander zu sehen, beisammen zu sein. Sie strahlen sich nach 10 Jahren Ehe noch immer so liebevoll an, dass es auch für Außenstehende herzerwärmend ist.

Und außerdem: 2002 wurden fast die Hälfte aller Ehen geschieden. Da sind ja wohl auch beruflich weniger ehrgeizige Menschen drunter!

Natürlich habe ich viel gearbeitet. Und auch Max. Wir wollten ja weiterkommen, uns was schaffen, renommiert und vermögend werden. Für Beziehungspflege ist da nicht viel Zeit geblieben. Die wenige Freizeit haben wir auch nur selten zu zweit verbracht. Meist waren wir abends mit potenziellen Kunden und Geschäftspartnern weg. Am Wochenende hatten wir dann mit den wenigen verbliebenen Jugendfreunden bzw. mit der Familie Programm.

Es war aber nicht erst das viele Arbeiten, das uns auseinander gebracht hat. Oft bin ich doch nur extra lange im Büro geblieben, um erst heimzukommen, wenn Max schon geschlafen hat. Oder zumindest so spät, dass nicht mehr viel Zeit fürs Reden oder noch schlimmer fürs Nicht-Reden war. Es war ja schon die längste Zeit nicht gerade die angenehmste Stimmung. Der Grund? Tja, wenn ich den wüsste. Ich habe die Stimmung aus Sorge vor einem Konflikt nie konkret hinterfragt. Hab unsere Kommunikationslosigkeit nie wirklich angesprochen. Als ich ausgezogen bin, habe ich gehofft, dass Max eine solche Aussprache initiieren würde. Bei einem herrlichen Dinner mit Kerzenlicht und leiser Musik würden wir unsere Wünsche und Vorstellungen, unsere Freuden und Sorgen und unser weiteres Leben in aller Ausführlichkeit besprechen. Uns unsere gegenseitige Liebe bezeugen und uns weiterhin ewige Treue schwören. Ich würde ihm seinen Seitensprung mit der rassigen Schwarzhaarigen verzeihen und er würde mir zwischen innigen Küssen versichern, dass ich die einzig perfekte Lebenspartnerin für ihn bin. Danach würde Max mich überreden wieder zu ihm zu ziehen und sich ab sofort wie ein jugendlicher Liebhaber hingebungsvoll um mich bemühen. Schmecks. Statt eines Liebes- halte ich nun den Scheidungsbrief in Händen.

THAT'S IT!

Manchmal ist viel Arbeiten einfach ein willkommener Vorwand.

Ich möchte so gern perfekt sein

"Warum kann ich nichts wirklich perfekt? Warum bin ich so un-perfekt. Ich streng mich doch wirklich an, aber manchmal glaube ich fast, je mehr ich mich anstrenge, desto un-perfekter werde ich", jammere ich Moni die Ohren voll, während wir, in kuschelige Bademäntel gehüllt, auf weichen Ruheliegen in der herrlich ruhigen, in warmem Gelb beleuchteten Hoteltherme liegen. "Bitte, warum willst du perfekt sein?", schaut Moni überrascht von ihrem Buch auf. "Na, so halt, weil ich dann so gut wäre wie die anderen auch oder eben sogar noch besser", antworte ich trotzig ob ihrer Stimme, die mir Unverständnis signalisiert.

"Wie welche anderen?", hakt Moni nach. "Na, eben alle – zum Beispiel so gut und erfolgreich wie die blonde Wirtschaftsprüferin, von der ich dir erzählt habe, oder die neue Flamme von Max, dann würde ich auch so leicht Männer um den Finger wickeln." "Und die beiden sind deiner Meinung nach perfekt", kontert Moni jetzt sichtlich belustig. "Nein, sind sie nicht, aber wenn ich perfekt wäre, wäre ich eben besser als sie", drück ich weinerlich aus meinen Stimmbändern raus.

Deshalb beendet Moni vermutlich auch ihre Fragerei. Dafür erzählt sie mir, dass die Perser in ihre Teppiche angeblich kleine Fehler einweben. Die Teppiche würden dadurch fürs menschliche Auge angenehmer. "Die Menschen haben Perfektion nämlich gar nicht gern, die ist ihnen unangenehm."

"Ich bin aber kein Teppich", schnaufe ich. "Aber perfekte Menschen wären auch nicht auszuhalten, wenn es sie gäbe. Zum Glück gibt's aber eh niemanden der perfekt ist", bleibt Moni gelassen. "Oder kennst du jemanden?"

Ich schlage also gedanklich mein Adressbuch auf und blättere durch. Gar nicht so leicht "Perfektus" zu finden. Es gibt scheinbar wirklich nicht viele perfekte Menschen. Entweder sie sind zuwenig erfolgreich oder menschlich daneben, um als perfekt in meinem Scanning durchzugehen. Und natürlich muss ein perfekter Mensch auch äußerlich perfekt sein. Der Stellvertreter meines Chefs ist ziemlich perfekt, bleibe ich bei "H" wie Hermann Hofer stehen. Er ist 39 und – obwohl er schon ziemlich grauhaarig ist – sehr gutaussehend. So ein bisschen ein Georg-Clooney-Typ. Hermann ist top ausgebildet, hat in Amerika und Italien studiert, hat ertragreiche Groß-Kunden, ist angesehen in der Branche, akquiriert wie ein Kaiser, verdient unbeschreiblich gut und investiert sein Honorar sichtlich auch sehr gewinnbringend. Er zählt zu den wenigen Menschen, die trotz der fallenden Kurse die Aktienseite im Internet mit einem zufriedenen Nicken und zusagendem Brummen kommentieren. Trotz Beruf und Familie findet er Zeit zum Segeln und zum Schlagzeugspielen in einer kleinen Band. Er ist zwar einmal geschieden, in zweiter Ehe aber mit einer überaus hübschen Frau verheiratet. Mit ihr hat er zwei wohlerzogene kleine Söhne. Hermann Hofer ist menschlich integer und sein Lachen ist herrlich mitreißend. Eindeutig: Er ist perfekt. Allerdings, ein Manko fällt mir gerade doch ein. Er kann nicht gut rechtschreiben. Und das Süße daran ist, dass er sich dafür geniert. Bei einem Workshop unserer Firma hat er mal ans Flipchart als Schriftführer müssen. Da hat er sich ganz seltsam davor drücken wollen. Hat mich damals erstaunt, dass ein sonst so sendungsbewusster Mensch nicht gleich die Gelegenheit nützt, um auf der Bühne im Rampenlicht zu stehen. Auch hat mich damals erstaunt, dass er total rot geworden ist, als ihn ein Kollege darauf hingewiesen hat, dass er zwei Wörter falsch geschrieben hat. Sonst ist er immer so souverän, aber da hat er plötzlich ganz verschreckt gewirkt. Er hat dann in kleiner Runde auch zugegeben, dass er nie ein Orthographie-Genie war, in der 7. Klasse sogar beinahe wegen schlechter Rechtschreibkenntnisse in Deutsch durchgerasselt wäre. Seit er berufstätig ist, geht kein Schriftstück ohne Rechtsschreibprüfung und Check durch seine Sekretärin raus.

"Schön, du lächelst ja endlich wieder einmal! Woran denkst du denn?", reißt Moni mich aus meinen Gedanken. "Ich dachte gerade an einen Kollegen, den ich dir eigentlich als perfekt präsentieren wollte, der aber doch einen Fehler hat: Er kann nicht gut rechtschreiben. Und ich hab mich erinnert, wie entzückend er ausgesehen hat, als das raus gekommen ist." "Und seit damals ist seine Karriere ruiniert, seine Familie kaputt und er wird von allen geschnitten?", fragt Moni mit spöttischem Unterton. Natürlich ist es nicht so. Er ist unangefochten ein toller Typ, anerkannt, beliebt und erfolgreich.

"Eben", grinst Moni mich an: "Man muss nicht perfekt sein. Sich optimal auf die jeweilige Lebenssituation einstellen zu können, reicht vollkommen aus!"

"Die Perfektion ist immer uninteressant."
Mag.arch. Florian Ketter/Architekt

THAT'S IT!

Ich bin nicht perfekt. Aber ich bin optimal. Das ist eigentlich perfekt ;-)

Und was ist Ihr "That's it" zum Thema dieses Kapitels?

Fehleralarm

"War es ein Fehler auszuziehen? Hätte ich unsere Ehe retten können, wenn ich nicht trotzig in mein ehemaliges Studentenappartement umgezogen wäre?", schreib ich in mein Tagebuch und frage mich, ob mir diese beiden Fragen je beantwortet werden. Oder, ob sie mich mein restliches Leben begleiten werden.

War das Scheitern unserer Ehe allein mein Fehler? Oder allein der von Max? "Wer von uns beiden hat was wann und wieso so falsch gemacht?", sinniere ich vom Tagebuch aufschauend und dabei lauwarme Milch schlürfend. Lauwarme Milch und Mannerschnitten sind mir seit meiner Kindheit Seelentröster.

Hörspiele im Kopf

Im Kopf hör ich 100 Stimmen gleichzeitig. So, als wenn ich gar nicht vom Thema betroffen wäre, höre ich müde und phlegmatisch zu. Da gibt's unter anderem die Stimme meiner Mutter, die mir und meiner Karriere-Geilheit, wie sie es ausdrückt, die Schuld an der Scheidung gibt. Dann die Stimme von Moni, die meint: "Vielleicht ist es ja ein Glück, dass es so gekommen ist. So oft wird aus langweiligem Nebeneinanderleben Psychoterror und Hass. Vielleicht stimmt ja in eurem Fall der Spruch 'Lieber ein Ende mit Schrecken als ein Schrecken ohne Ende'."

Die Stimme meines Mentors Günter hör ich nachdenklich sagen: "Ja, alles hat seinen Preis." Und auch das Knarren seines Sessels, als er dabei aufgestanden und zum Fenster gegangen ist, ist wieder in meinem Kopf. Beim Fenster rausschauend und mir den Rücken zugewandt, hat er dann noch gemeint: "Aber du bist noch jung, Lili. Du kannst aus dem Schmerz und den Gefühlen, die du jetzt hast, noch lernen und profitieren. Du hast noch genug Energie, dich neu zu verlieben. Du kannst aus den Fehlern deiner Ehe für weitere Beziehungen lernen. Und drück dich nicht davor. Auch wenn's unangenehm ist und die Gefühle scheiße sind – es ist eine Chance."

Es war irgendwie eigenartig, als er so zu mir gesprochen hat. War mir irgendwie peinlich. Ich mein, er ist mein Mentor in der Firma – o.k. Aber über Privates haben wir noch nie wirklich gesprochen. Ich bin dann auch ziemlich verlegen mit den Worten "ja, werde ich machen" aus seinem Büro gegangen. Was ich geschäftlich mit ihm besprechen wollte, hab ich verschoben. Irgendwie hielt ich es für nicht mehr passend. Jetzt rückblickend – mit meinem Milchhäferl in der Hand – find ich es nicht mehr peinlich, sondern nur mehr nachdenklich und rührend. Was war wohl der Subtext dieser Botschaft? Vielleicht: "Mädel, ich leb in einer beschissenen Ehe. Ich hab aus den Tiefs nie gelernt. Hab meine Gefühle einfach immer übergangen. Jetzt hab ich eine Beziehung, die im besten Fall lau ist, wenn nicht schon leichen-kalt. Mach's besser als ich."

Und ohne Zusammenhang zu den beiden ersten Frage-Sätzen schreib ich als dritten Satz eine meiner Lieblingsweisheiten von Goethe in mein Tagebuch:

VOR LAU GRAUT MIR!!!!!!!!

THAT'S IT!

Ich will nicht lau leben. Ich will meine Gefühle spüren!

Geld: Befriedigender Ersatz oder Ersatzbefriedigung?

Seit 7 Uhr sitz ich im Büro. Konnte nicht mehr schlafen und wollte endlich Ablenkung gegen diese furchtbar lästigen Stimmen in mir, die mich sogar im Schlaf noch verfolgen. Mühsame, wirre Träume, die den Schlaf statt zur Erholungs- zur Erschöpfungsphase machen.

"So bekommst wenigstens beruflich was weiter", spreche ich mir selbst Mut zu, um aus der ganzen Situation was Positives rauszukitzeln.
Ich setz mich mit Chefinnen-wichtigem Blick an die vordere Kante meines großen Leder-Drehstuhls. Zücke eine der x Unterschriftsmappen, die auf meinem Tisch liegen, lese den darin liegenden Brief nochmals durch und unterschreib zügig. Und etwas zu fest aufdrückend. Aber irgendwo muss die aufgestaute Aggression ja

hin. "Ja", denke ich mir, "das tut gut – eine Unterschrift unter eine so hohe Honorarnote steigert das Selbstbewusstsein", und diese Befriedigung ringt mir sogar ein kleines zufriedenes Lächeln ab. Und den Gedanken "Wenigstens ist meine Beratung was wert – meinen Kunden sogar sehr viel Geld."

"Geld ist eine unschicke Ersatzbefriedigung", schlägt's wie ein Blitz in mein Hirn ein. Ich erinnere mich an diesen Einwurf meiner Freundin Eva bei einer hitzigen Diskussion im Kreise unserer monatlichen Mädelsrunde. Thema: "Wie geil macht Geld?" Sie erzählte uns von einer Bekannten, die seit Jahren von einem Beziehungsdesaster ins nächste schlittert. Finanziell dabei aber nie schlecht aussteigt, denn sie hat immer gut betuchte Lover. "Erlebnisse, Erinnerungen, lieben können und geliebt werden, das ist wahrer Reichtum", erklärte uns Eva damals total überzeugt. Und obwohl sie mit ihrer süßlichen Schicki-Micki-Stimme und ihrer leicht naiven und oberflächlich wirkenden Art oft nur Gelächter und schiefe Blicke in unserer Runde erntet, hat dieses Statement von Eva echten Tiefgang.

> THAT'S IT!
>
> Erlebnisse, Erinnerungen, lieben können und geliebt werden befriedigen mich mehr als Geld!

Mann weg – Kunde weg – Emotionen da!

Das Klingeln meines Telefonapparats reißt mich aus meinen philosophischen Befriedigungs-Überlegungen. "Guten Morgen, Frau Doktor, ich hab den Dr. Kaufmann dran. Der klingt nicht wirklich gut.", meldet sich die leicht unsichere Stimme meiner Sekretärin Maria Putz. "Guten Morgen. O.k. – stellen Sie durch. Aber was meinen Sie mit: Er klingt nicht gut, ist er krank?", versuch ich mich kurz auf das kommende Telefonat einzustellen. "Nein, glaub ich weniger", kommt zögerlich aus Maria raus, "er regt sich über seine Rechnung auf oder so."

"Naja, dann wollen wir ihm den zusammengekommenen Betrag mal erklären", bring ich mich mit einem tiefen Atemzug in souveräne Sitzhaltung – wieder vorne an die Stuhlkante, gerader Rücken, einen Fuß vorne, innerlich lächelnd. Und: absolut überzeugt, tolle Arbeit geleistet zu haben.

Ich (freundlich lachend): Guten Morgen, Dr. Kaufmann. Müller-Lauf hier. Schön, dass Sie mich anrufen. Ich freu mich, dass wir Ihre Sache so positiv erledigen konnten. 2 Millionen Steuerersparnis – auf ganz legale Weise noch dazu – ist schon ein wirklicher Erfolg. Mein Assistent, Mag. Reisch, hat da wirklich überzeugende Arbeit geleistet, finden Sie nicht auch?

Kaufmann (eisig korrekt): Guten Morgen, Frau Dr. Müller-Lauf. Freut mich, dass Sie ihre Arbeit so loben bzw. die Arbeit ihres Assistenten.

Die eisige Stimme von Dr. Kaufmann entlockt meinem Gehirn ein sofortiges "Ö-ha, der ist ja echt sauer. Dem liegt mehr am Herzen als nur eine Rabattverhandlung." Mein leicht scherzender Anfangs-Ton war wohl nicht die richtige Strategie. Also leg ich die innere Business-Ton-Platte auf.

Ich: Was kann ich für Sie tun, Herr Doktor.

Kaufmann: Vor mir liegt Ihre Honorarnote. Ein ganz ordentlicher Brocken. Sicher, die Steuerersparnis ist hoch genug, da ist dieser Betrag schon drinnen. Es erstaunt mich allerdings, dass ich da 50 Berater-Stunden lese, wo doch alle Arbeit ihr Assistent gemacht hat, wie Sie ja soeben selbst gesagt haben.

Ich: Natürlich immer in Abstimmung und Absprache mit mir. Und auch wenn er mein Assistent ist, ist er ja ein exzellenter Fachmann. Dass er Assistent ist, hat ja mehr mit unserem internen Hierarchie-System zu tun.

Kaufmann: Schauen Sie, Ihr internes Hierarchie-System interessiert mich nicht. Sie persönlich, Fr. Dr. Müller-Lauf, wurden mir von einem Geschäftsfreund empfohlen. Ich habe Sie kontaktiert, mit Ihnen den Vertrag gemacht und dann nie mehr von Ihnen gehört. Vielleicht muss man ja in Ihrem Hierarchie-System als "Beraterin mit Assistent" nach einem Vertragsabschluss nicht mehr mit Kunden selbst reden, nur mehr die Honorarnote unterschreiben. Aber das ist nicht, was ich mir von einer guten Kundenberatung erwarte. Fachlich einwandfreie Arbeit bekomm ich vermutlich in vielen Kanzleien. Vertrauen kann ich aber nur aufbauen zu Personen. Personen, die ich kenne. Zu Ihnen konnte ich kein Vertrauen aufbauen, weil ich Sie ja de facto nie kennen gelernt habe. Die fachliche Arbeit Ihres Assistenten war zweifelsohne einwandfrei. Er ist auch ein sehr sympathischer junger Mann. Aber auch seine sehr gute Performance kann mich nicht von meinem Entschluss abbringen, nicht mehr mit Ihnen und Ihrer Kanzlei zusammenzuarbeiten. Weil Ihre Performance mir gegenüber, Frau Dr. Müller-Lauf, sagt mir nicht zu. Ich will nicht nur als potenzieller Kunde gut behandelt werden, ich möchte auch als tatsächlicher Kunde gut betreut und wichtig genommen werden. Und zwar von der Person, die ich mir ausgesucht habe. Von wem die dann intern rechnen lässt und wer ihr Back-office managt, ist mir gleich. Aber wer mich wie betreut, ist mir nicht gleich.

Ich (leicht verzagt): Das tut mir leid, dass ....

Kaufmann (mich unterbrechend): Mir auch. Für die angekündigte zweite Sache – den Unternehmenskauf, den ich plane – werde ich mich um einen anderen Betreuer umsehen. Aber aus Ihrer bisherigen Betreuung heraus zu schließen wird Sie das nicht weiter treffen, Sie sind ja scheinbar mehr als ausgelastet.

Ich wollte Ihnen das nur persönlich sagen. Damit Sie sich nicht wundern, wenn Sie keinen weiteren Auftrag mehr von mir bekommen. Sie brauchen Ihren Assistenten zum Nachfragen bei mir also nicht anrufen zu lassen.

Bumm. Das war volle Schlagseite. Ich sitz augenscheinlich unverändert. Aber statt souverän bin ich jetzt versteinert. Unfähig zu bewegen. Mit einem kräftigen Schluck Speichel versuch ich eine feste Stimme zu bekommen.

Ich: Herr Dr. Kaufmann, es tut mir wirklich wahnsinnig leid, dass Sie sich von mir schlecht betreut fühlen. Da hatte ich wohl einen komplett falschen Eindruck bekommen. Ich dachte, Sie hätten einen viel besseren Draht zu Mag. Reisch als zu mir und hab mich deshalb nicht mehr aktiv an Sie gewandt. Das war wohl ein furchtbares Missverständnis. Ich hoffe, Sie können diese Entschuldigung annehmen. Ich bin Ihnen auch wirklich dankbar für das Feedback. Wie Sie richtig sagen, ein anderer Kunde hätte einfach den Honorarbetrag überwiesen und sich nicht diese Mühe gemacht. Darf ich Sie dafür zu einem Mittagessen einladen. Ich weiß, Sie gehen doch so gerne zum Xaver Schüttau. Ich würde dort gerne einen Tisch für uns reservieren. Damit Ihre Geschäftsbeziehung mit uns – mit mir – nicht so unfreundlich endet. Bitte schlagen Sie mir das nicht aus.

Für den letzten Satz und für den leicht verzweifelten Ton in meiner Stimme würde ich mich am liebsten ohrfeigen. So unkompetent und gefühlsbetont. Da könnt ich ja gleich anfangen zu heulen, denk ich mir – verärgert über meine Weichheit. Zu meinem Erstaunen stimmt Kaufmann aber zu. Und das in einem erstaunlich warmen Ton.

"Na, grüß Gott!", denk ich nach dem Auflegen des Hörers und lass mich erschöpft in meine Sessel fallen. "Jetzt verlierst nicht nur deinen Ehemann, sondern auch noch einen deiner wichtigsten Zukunfts-Kunden."

Den Tränen nahe ruf ich unverzüglich Moni an. Wen sonst? Und obwohl selbst im Arbeitsstress nimmt sie sich Zeit für mich, wimmelt mich nicht ab. Sie ist einfach da, wenn ich sie brauche! Ich erzähl ihr den Fall Dr. Kaufmann ganz genau. Jede Einzelheit will ich loswerden.
Vor allem mein total unsouveränes Verhalten, mein Winseln am Schluss. "So weich und emotional würde nie einer unserer Partner reagieren", jammere ich.

"Oh weh, schon wieder eines deiner Vorurteile aus den amerikanischen Guru-Büchern", japst Moni voll aufgeregter Emotion. "Du sagst doch selbst, dass seine Stimme am Schluss wärmer geworden ist und er sich mit dir zum Lunch trifft. Tät er das, wenn er deine Emotionalität so entsetzlich fände? Schau, ich bekomm immer rote Flecken wenn ich aufgeregt oder leidenschaftlich bin. Kein Mann hat mir das je vorgeworfen. Im Gegenteil – einer meiner Chefs hat dieses leidenschaftliche Engagement in einem F&E-Gespräch sogar mal als einen meiner besonderen Benefits herausgestrichen. Einzig eine Kollegin hat mich mal drauf negativ angesprochen und gemeint, dass ich wohl besser versuchen sollte, das in den Griff zu bekommen, um nicht unsicher zu wirken. Aber warum, frag ich dich? Warum soll ich nicht unsicher wirken, wenn ich unsicher bin!? Warum nicht leidenschaftlich engagiert, wenn ich leidenschaftlich engagiert bin!? Wir Frauen sind schon ein seltsames Völkchen – legen an uns Maßstäbe an, die einem *humanbeing* unwürdig sind. Oder hast du schon mal einen Mann gesehen, dem es peinlich war oder der schlecht angekommen ist, wenn er sich seinen Bart aus Nervosität gezupft hat. Oder Haare gedreht hat. Ganz zu Schweigen von diesem elenden Griff in die Weichteile. Nur wir Frauen sollen uns alles an Natürlichkeit abgewöhnen. Lili wach auf, das Leben ist kein Verkaufsseminar!"

Leidenschaft und Involviertsein pur – ich liebe Moni dafür. ☺

Einige Stunden später, knapp vor dem Schlafengehen, ploppt mein Laptop mit dem Fenster "you have got a mail" auf. Ein E-Mail von Moni.

`hoffe du bist noch wach, honey!`

`hab da nämlich noch eine kleine gute-nacht-geschichte für dich gefunden - als ergänzung zu unserem heutigen telefonat und meiner heftigen antwort auf dein gejamsel. ist von einem deutschen kommu-`

nikationspsychologen namens prof. friedemann schulz von thun. den mann solltest du dir merken. schreibt sehr intelligente sachen. so meint er zum beispiel: **"es ist völlig in ordnung, es ist menschlich und bricht meiner kompetenz keinen zacken aus der krone, wenn ich hin und wieder sprachlos, verdattert, gelähmt und überrumpelt bin** *(ich ergänze: weinerlich!)*. **dem ideal allgegenwärter schlagfertigkeit schwöre ich ab - es ist zwar geschmeidig, aber allenfalls pseudo-souverän** *(ich ergänze: pseudo-souverän hoch zwei)* **- und ohne entwicklungschance für mein inneres team** *(ich ergänze für dich zur info: als inneres team bezeichnet von thun die vielen stimmen und persönlichkeiten, die jede person in sich hat)*.
wenn ich mir diese generalerlaubnis nicht ausstelle, bin ich dazu verurteilt, mir jedes punktuelle versagen als persönliche schande anzurechnen. dann aber kann ich daraus nicht lernen, sondern will es so schnell wie möglich vergessen, um mich wieder `aufzubauen'".

also: genau was ich dir gesagt habe - genau meine meinung!

klingt ein wenig anders als deine sonstige "wie-vermeide-ich-fehler"-lektüre, gell. wollt ich dir deshalb unbedingt als alternativprogramm schicken!!
kauf dir mal eins seiner "miteinander reden"-bücher. kann ich echt nur empfehlen. macht einiges klarer was so schief läuft in der kommunikation mit sich selbst und mit der umwelt. und was thun schreibt ist mir wesentlich besser nachvollziehbar - weil praxisnaher - als diese guru-bücher von pseudo-erfolgsoberlehrern.

anyway: hab meinen auftrag erfüllt (wollt dir das nämlich schon am nachmittag schicken, hab den absatz aber nicht gleich gefunden) - kann jetzt erleichtert ins land der träume reisen!

gn8 + bussi
moni

THAT'S IT!

Gut verkaufen beeindruckt - Emotionen zeigen macht gewinnend!

Oh Wunder!

Ich sitz allein in meinem schicken 5er-BMW. Bin auf dem Weg zu einem wichtigen Kunden nach Salzburg. "Die Monotonie der Autobahn ist ja eine wirklich schöne Metapher für meine künftige Lebens- und Liebes-Monotonie", denk ich mir leicht zynisch.

Seit ich den Scheidungsbrief erhalten habe, sind nun schon sechs Wochen vergangen. Und meine Zustimmung zur einvernehmlichen Scheidung ist auch schon ein Monat alt. Der Scheidungstermin ist in 10 Tagen. Und ich tu mir unverändert leid.

Um ehrlich zu sein: Ich hoffe noch immer auf ein Wunder. Ja, in der Tat, ich glaube an Wunder!

Zur Bestätigung drück ich auf ▶PLAY beim CD-Player und spiel zum zirka 10. Mal in Folge Nenas "Wunder gescheh'n" ab. Und sing laut – ja fast schreiend – mit.
Vor allem die Sequenz: "Ich will lieben. Auch wenn man dabei Fehler macht", brüll ich raus.

Wenn auch nur kurzfristig: Es erleichtert und macht mich fast ein bisschen fröhlich!

Die CD hat mir mein Bruderherz vorgestern geschenkt. Ein Mitbringsel. Hab ihn zum Essen und Plauschen zu mir eingeladen. War ein wirklich netter Abend. Er ist schon ein ganz ein Lieber. Beneid ihn irgendwie um seine kindlich unbeschwerte Art. Und genieße sie auch.

Wie er nach dem Essen die Nena-CD eingelegt hat und schelmisch grinsend gerufen hat: "Komm, Schwesterlein, jetzt singen wir uns eins", ist mir ganz warm vor Freude geworden, dass ich so einen Bruder hab.
Da sind wir dann eng aneinander gekuschelt, mit vielen weichen Kissen herum, am Sofa gesessen, das Cover-Heftchen mit dem Text fest in der Hand und haben aus vollem Herzen gemeinsam mit Nena geträllert. ☺

Und ewig dankbar werd ich Robert sein für das Drücken bei der Passage

Was auch passiert
Ich bleibe hier
Ich geh den ganzen langen Weg mit dir
Was auch passiert
Wunder gescheh'n

Übrigens: Dass es Wunder gibt, hat mir das Mittagessen mit Dr. Kaufmann wieder bewiesen. Er bleibt mein Kunde!

Ich hab's ja nicht zu hoffen gewagt, aber wir haben uns wirklich gut unterhalten beim Lunch letzte Woche. Unser Missverständnis über die Betreuung durch mich bzw. über meine scheinbare "Nicht-Betreuung" und mein vermeintliches Desinteresse an seinem Geschäftsfall aus dem Weg geräumt. Und ausführlich darüber gesprochen, wie wir so eine Unstimmigkeit in Zukunft vermeiden können.

Ich war mega-mäßig aufgeregt. Schon Stunden vorher. Hatte Herzklopfen bis in die Ohren hinein (ein unangenehmes Gefühl, wenn das so in den Ohren pocht und saust) und ich habe im Geiste immer wieder die verschiedenen Ablaufmöglichkeiten dieses Treffens durchgespielt. Wobei: Eigentlich immer nur den Anfang. Ich war zu nervös um weiterzudenken, konnte mich gar nicht konzentrieren. Und außerdem war ich mit keinem meiner gedanklichen Anfangsworte zufrieden.

Als ich dann endlich im Lokal vor Dr. Kaufmann stand, hab ich gar nicht erst versucht, meine Nervosität zu überspielen. Ganz im Gegenteil. Gleich nach der Begrüßung und noch vor dem Niedersetzen hab ich sie ganz offen ausgesprochen. Hat mir echt gut getan. Hab mich ab dem Moment wesentlich ruhiger gefühlt, wo ich mich sagen gehört habe: "Herr Dr. Kaufmann, eigentlich weiß ich gar nicht, wie ich beginnen soll, weil mir die ganze Sache wirklich ganz arg im Magen liegt und ich richtiggehend nervös bin." Aber nach Dr. Kaufmanns Antwort: "Naja, dann fangen wir am besten mal mit dem Niedersetzen an", war das Eis geschmolzen.

"Wen Gott liebt, dem schickt er einen Fehler rechtzeitig."
Prof. Peter F. Drucker/Unternehmensberater
Vordenker des Wissensmanagement

THAT'S IT!

Egal was andere glauben: Für mich gibt's Wunder. Basta!

Und was ist Ihr "That's it" zum Thema dieses Kapitels?

Gibt's die perfekte Vertuschung?

Ein Fehler kommt selten allein! Wie wahr! Es ist einfach unpackbar! Bitte was ist mit meinem Leben los? Bin ich die Hauptdarstellerin in einer Doku über Aufstieg und Fall von erfolgsverwöhnten Frauen. Oder erleb ich da jetzt meinen ärgsten, fleischgewordenen Albtraum!

Fassungslos schau ich auf den Brief vom Finanzamt an meinen Klienten. Einen bis dato aufstrebenden Jungwinzer, der durch meinen Fehler jetzt vielleicht bald kellnern statt keltern muss. Aufs Existenzminimum gepfändet – durch mich ruiniert!

Unpassenderweise singt in meinem Hirn beim Stichwort Albtraum sofort Wolfgang Ambros sein "Zwickts mi, i glaub i tram" – ein Lied aus meinen Kindertagen. Noch dazu in der furchtbaren Endlos-Ohrwurm-Version, die immer nur die ersten Refrain-Sätze wiederholt: Zwickts mi, i man i tram, des deaf net woa sein, wo sa ma daham. Zwickts mi, ganz wurscht, wohin. i kann's ned glaub'n, ob i ang'soff'n bin?

"Irgendwie halt ich das nimmer aus. Hat sich alles gegen mich verschworen? Was bitte hab ich getan, dass ich von einer Scheiße in die nächste tapse? Seit nun schon fast zwei Monaten reiht sich eine Tragödie nahtlos an die nächste. Und immer wenn ich einen kleinen Lichtblick am Horizont sehe, geht's patsch und die Signale heulen erneut auf: Fehleralarm! Fehleralarm!", jammere ich gedanklich vor mich hin. Nervös an meinen Nägeln zupfend und ziellos in meinem Zimmer herumgehend.

Vor zwei Jahren – knapp nach meiner Wirtschaftsprüfer-Prüfung – habe ich für 16 burgenländische Jungwinzer eine Produktionsgesellschaft als GmbH & Co KG gegründet. Jeder der 16 hatte eine Einlage von 3.000 Euro. Auf ihre damalige Frage, was denn im schlimmsten Fall passieren könne, hab ich ihnen versichert, dass sie maximal ihre Einlage verlieren würden. Dass sie aber keine Haftung darüber hinaus haben. Die Haftungsfrage war für die sechs natürlich ein wichtiger Punkt. Vor allem, wo jeder neben der gemeinsamen Gesellschaft auch noch einen eigenen Betrieb hat.

Vor einem halben Jahr ist diese gemeinsame Gesellschaft nun leider in Konkurs gegangen. Die Unwetterschäden des letzten Sommers hat die junge Gesellschaft nicht durchgehalten. Und als ob das nicht schon schlimm genug wäre, schickt das Finanzamt auch noch eine Kommunalsteuer-Vorschreibung in Höhe von unglaublichen 30.000 Euro!!! Und zwar nur an einen, nämlich "meinen" Winzer! Und nach kurzem Check meinerseits besteht diese Forderung auch noch zu recht. Ich hab mich geirrt damals. Was heißt geirrt!?! Das ist viel zu milde ausgedrückt für diesen Fehler! Ich bin ein totaler Idiot. So was darf einer Top-Expertin wie mir einfach nicht passieren. Und dass ich die Aktion damals mit einem Rechtsanwalt gemeinsam durchgeführt habe und der da auch nicht korrigierend eingegriffen hat und diesen schwerwiegenden Fehler nicht verhindert hat, ist auch keine hilfreiche Ausrede für meine katastrophale Situation.

Während ich so herumirre, vom Schreibtisch zum Besprechungstisch, zum Fenster, zum Bücherregal und wieder zurück, fällt mein Blick auf mein Mobiltelefon, das zwischen Papieren am Schreibtisch liegt. Instinktiv, ohne lang zu überlegen und ohne bestimmte Erwartung, tipp ich ein SMS an Robert ein:
"HELP! I NEED SOMEBODY!!"

Und außer Roberts prompter Antwort: "KEEP COOL – DER WUNDERMACH-MANN RUFT DICH IN EINER HALBEN STUNDE AN. B-R" gab's wirklich so was wie ein kleines Sofort-Wunder: Mit "Help" nach "zwickt's mi" einen neuen Song in meinem Hirn! Ein Hoch den Beatles!

Des Herumgehens überdrüssig, lass ich mich erschöpft in meinen Schreibtischsessel fallen. "Naja, wenigstens bist noch dein eigener Brain-DJ und findest die zur Situation passenden Songs", bau ich mich selbst mit Galgenhumor und Vorfreude auf den Anruf meines Bruders auf.

THAT'S IT!

Auch bei Fehler-Alarmstufe rot: Besser Galgenhumor als gar kein Humor!

Ich brauch Vertuschungs-(Nach-)Hilfe!

"Robert redet sich's leicht", denke ich mir auf der Heimfahrt vom Büro. Sein Tipp mit meinen Vorgesetzen zu sprechen und gemeinsam nach einer Lösung zu suchen, klingt wie aus dem Lehrbuch des hl. Nikolaus für brave Mädchen. Was glaubt er, dass die sagen werden. – Vielleicht: "Oh, Sie arme Frau Kollegin. Das ist aber wirklich ein Pech, was Ihnen da passiert ist. Naja, wo gehobelt wird, da fallen Späne. Machen Sie sich keine Sorgen. Wir regeln das schon für Sie."?! Bah!
Glaubt Robert allen Ernstes, dass ich, wenn der Fehler raus kommt, noch eine Chance auf die Kanzlei-Partnerschaft habe? "Robert hat keine Ahnung, wie's im Wirtschaftsleben zugeht – der lebt ja als Kunsthändler und Maler nur unter Künstlern. Scheinbar bekommt man da die Spielregeln des wirklichen Lebens nicht mit", bin ich trotzig enttäuscht darüber, dass Robert doch nicht der Wunder-Mann für alle Fälle ist.

Ich werde nach dem Wochenende als erstes einmal den Rechtsanwalt, mit dem ich die Gesellschaft gegründet habe, anrufen. Der kann sich doch auch nicht einfach so rausstehlen aus der Sache. Irgendwie hat er das ja auch verbockt. Nicht nur ich. Und er ist ein Mann, der schon viel länger als ich im Business steht und sicher viel mehr Erfahrung mit Fehlern hat und wie man sie perfekt vertuscht. Oh Gott, ein ganzes Wochenende liegt vor mir, wo ich nichts machen kann. Wär's doch nur schon Montag, damit ich diesen Rechtsanwalt anrufen kann.

Das Nichtstun-Können ist das Schlimmste!

THAT'S IT!

Oft tue ich irgendwas, nur um nicht nichts zu tun. Denn: Nichtstun aushalten ist eine hohe Kunst.

Von Profi zu Profi

Vier Tage später sitze ich mit dem betroffenen Rechtsanwalt, Dr. Nikolaus Meinrad, im Kaffeehaus. Nachdem ich ihm montags die Sachlage ausführlich am Telefon geschildert habe, hat er ein persönliches Gespräch an einem neutralen Ort vorgeschlagen. Nun sitze ich hier mit ihm, Capuccino schlürfend und irgendwie schuldbewusst. Fast wie ein kleines Schulmädchen vorm Herrn Direktor lausche ich gebannt seinen selbstsicheren Worten. Meinrad ist ein sehr attraktiver, gut angezogener Mann von ca. 50 Jahren. "Er sieht wie so ein amerikanischer Yuppie-

Anwalt in einer amerikanischen Soap Opera aus.", analysiere ich ihn – fasziniert von der Überlegenheit, die er ausstrahlt.

"Frau Kollegin, es stimmt. Ich hab's jetzt nochmals überprüft: Das haben Sie damals wirklich übersehen, dass jeder der Winzer gegenüber dem Finanzamt haftet. Tut mir leid, dass ich Ihnen damals blind vertraut und das nicht nochmals kontrolliert habe. Tja, Sie machen ja auch sonst einen sehr kompetenten Eindruck, da hielt ich das nicht für notwendig", sind seine Rechtfertigungsworte. Eigentlich eine einzige große Frechheit und Beleidigung. Aber so gut in freundlicher Mimik und Stimmlage verpackt, dass ich mich doch tatsächlich weder lautstark aufrege, noch fähig bin ihm auch seinen Fehler und seine Inkompetenz in dieser Angelegenheit ordentlich unter die Nase zu reiben. Stattdessen verstärken seine Worte meine Selbstzweifel und Schuldgefühle.

"Ich hab mir aber Folgendes überlegt", fährt Meinrad selbstgefällig fort – während er sich eine Zigarre anzündet. "Ihrer Karriere tut dieser Fehler sicher nicht gut. Sie sind ja noch nicht Partnerin, gell? Und auch innerhalb der Branche würden Sie damit sicher nicht grad Furore machen." Ein genussvoller Zug an seiner Zigarre unterstreicht sein Überlegenheitsgefühl mir gegenüber.

Erstmals fühle ich so was wie Zorn aufsteigen. Mein rechtes Ohr wird heiß und färbt sich rot. Eine angeborene Körperreaktion von mir, die meist der Anfang von einem Wutausbruch oder einem Heulkrampf ist.

So wenig eigenes Schuldbewusstsein finde ich schon eine Zumutung. Wen glaubt der vor sich zu haben? Nur weil ich jünger bin als er, eine Frau bin und einen Fehler gemacht habe, bin ich noch lang kein Idiot. Und nur weil er Partner in seiner Kanzlei ist, Zigarre raucht und ein Mann ist, ist er noch lang nicht Mister Unfehlbar.

"Ein Ruhmesblatt stellt der Fehler aber auch für Sie und Ihre Kanzlei nicht dar. Ganz so allein 'mein Ding' ist die Sache nämlich auch wieder nicht", versuche ich wieder Terrain unter den Füßen zu bekommen. Und bin stolz auf mich, dass mir dieser Satz ganz genau zur passenden Zeit – und nicht erst am Abend im Badezimmer – eingefallen ist.

Meinrad reagiert auf meinen Hinweis profi-berater-mäßig ruhig: "Natürlich nicht. Deshalb hab ich mir ja auch den Kopf zerbrochen, wie wir da jetzt am besten vorgehen, um die ganze Sache erfolgreich – mit einer für alle akzeptablen Lösung – zu beenden. Bin schon neugierig, was Sie als Fachfrau dazu sagen. Denke, Sie sehen es ebenso wie ich als ganz wichtig an, dass wir jetzt als kompetentes Team geeint vorgehen." Ein vielversprechend klingendes, rhetorisch versöhnlich vorgetragenes Argument. – Und damit hat er mich auch schon wieder in seinem Boot!

Sein Vorschlag: Seine Kanzlei und meine Kanzlei – oder ich persönlich, wenn ich es in der Kanzlei nicht publik machen möchte und so viel Geld aufstellen kann – sollen die 30.000 Euro dem Winzer sozusagen aus "eigener Tasche" ersetzen. Gar nicht viel berufen gegen den Bescheid, weil da eh keine Chance bestünde und der Fall nur in Fachkreisen unnötige Aufmerksamkeit bekäme. Das Geld sollten wir uns dann über die Haftpflichtversicherung wieder reinholen. Die man ja gerade für solche Fälle abschließe und für die man ohnedies unverschämt viel an monatlicher Prämie bezahle.

Fast bin ich geneigt zu jubeln. "Genial! Genau so machen wir das! Wir machen nicht viel Wind deswegen, überweisen einfach und die Versicherung soll das zahlen! Wozu haben wir sie denn. Danke, du Ideen-Genie, für diesen Vorschlag!" Aber die beherrscht, professionelle Wirtschaftsprüferin in mir hindert mich vor der Peinlichkeit des lauten Jubels. "Klingt nachvollziehbar", höre ich mich erstaunlich ruhig und mit verdammt kompetent klingender Stimme sagen. "Ich werde es mal überdenken und mit meinen Kollegen besprechen. Ich meld mich übermorgen bei Ihnen." Die Lösung in Sichtweite bin ich ganz Profi-Beraterin: Nichts überstürzen. Lieber alles nochmals durchdenken. Nicht die erstbeste Lösung akzeptieren.

THAT'S IT!

Wenn auch mit Schuldbewusstsein statt mit Zigarren und Testosteron ausgestattet: Ich bin ein kompetenter Profi!

Denkfreiheit – die anstrengende Schwester der Meinungsfreiheit

"So sehen Erfolgsmenschen aus", beschreibe ich Nikolaus Meinrad vier Stunden später im Gespräch mit meinem Coach Klara Kaufmann. "Er könnte auch gut ein Motivationstrainer sein oder so ein Erfolgsguru wie der Paul Kleemann. Einer von der Sorte, die ihr Erfolgsgeheimnis sogar mit Tausenden anderen teilen, weil sie so über den Dingen stehen. Sicher hat er das gleiche Motto wie dieser Kleemann: Alles ist machbar!"

Ich hab mir mit Klara einen Termin vereinbart, um meine Job- und Fehler-Situation zu beleuchten. Vor allem um mit meiner Angst besser umzugehen. Mit der Angst vor den Konsequenzen meines Fehlers. Mit der Angst ständig neue zu machen. Mit der Angst vor einer Lähmung durch die Angst.
Ich will die Angst nicht verdrängen. Schaffe es aber nicht – so wie vermutlich 99% der Menschheit auch – ohne professionelle Unterstützung wirklich tief in mich hineinzuschauen. Bringe es nicht fertig konsequent nach- und in mich hineinzufragen und die Ängste zu reflektieren. Allein würde ich immer auf der Oberfläche bleiben.

Klara stellt mir Fragen, die ich mir selbst oft gar nicht stellen würde. Ja nicht könnte, weil sie mir gar nicht einfallen würden. Dabei vermittelt sie mir immer, dass ich selbst die für mich gerade optimale Lösung (er)finden kann – und nicht sie. Dass meine Lösung o.k. ist, auch wenn mein Ergebnis nicht ihrer persönlichen Vorstellung entspricht. "Es ist nicht wichtig, was ich davon halte. Du hast deine und ich habe meine Wirklichkeit. Und was du tust oder nicht tust, fühlst oder nicht fühlst, muss in deine Wirklichkeit passen, nicht in meine. Ich bin nicht deine Oberlehrerin, die dir sagt, was laut irgendwelcher Normen richtig oder falsch ist. Ich bin kritische und aufmerksame Beobachterin und Begleiterin. Du hast Denkfreiheit. Ich kann dich nur daran erinnern, sie auch zu nützen", sind die bestärkenden Worte von Klara.

Aber auch wenn sie keine unangenehme "Ich-weiß-wie-alles-geht-und-hab-die-besten-Tipps-auf-Lager"-Person ist, unangenehme Denkanstöße kann sie durchaus liefern. Unangenehm, weil ich dann echt drüber nachdenken muss und keine meiner locker-flockigen Antworten drauf passt. Allerdings sind es meist gerade diese Anstöße, die mir schon oft geholfen haben, die mich weiter gebracht haben.

Durch die ich die für mich zum jeweiligen Zeitpunkt ideale Lösung gefunden habe. Klara hat mir bei unserem ersten Treffen folgendes Sheet in die Hand gegeben:

Als Coach bin ich für meine Kunden	=> Kommunikations- und Prozess-Experte
	=> Sparring-Partner und Mentor
	=> Psychohygieniker
	=> Spiegel zur Selbstreflexion

Dazu hat sie mir damals erklärt: "Diese vier Personen kann ich für Sie sein. Jeweils einzeln oder als Mix. Was ich aber nicht sein kann, ist ein bequemer Mensch. Einer, der Ihnen und Ihren Gefühlen Alibis fürs Unglücklichsein liefert. Sie in Opfer-Rollen bestärkt. Ihnen das Denken abnimmt. Sie von psychischen Krankheiten heilt. Solche Dinge bring ich nicht. Das sollten Sie sich bewusst machen, bevor wir gemeinsam zu arbeiten beginnen. Damit Sie nicht nach einiger Zeit das Gefühl haben, mit Coaching die Katz im Sack gekauft zu haben."

THAT'S IT!

Fragen fördern das Denken. Hinterfragen fördert Gedanken, die einen weiterbringen.

Wie viel Einsatz ist Erfolg wert?

Heute brauche ich jedenfalls mehr Psychohygiene als sonst was. Möchte mir so wirklich alles von der Seele reden. Mir meiner Gefühle durch Aussprechen so wirklich bewusst werden. Das merkt Klara. Sie lässt mich deshalb einfach reden. Hört aufmerksam zu, macht sich ein paar Notizen, stellt mir nur ganz selten einige kurze Zwischenfragen.

Entspannt in der Ledercouch sitzend, erzähle ich von meiner Fehler-Serie und von dem Wunsch nach perfekter Vertuschung. Von den ambivalenten Gefühlen "Ablehnung – Bewunderung – Verärgerung", die ich Dr. Meinrad gegenüber spüre. Von dem insgeheimen Wunsch, den Fehler nicht nur perfekt zu vertuschen, sondern Meinrad – den "souveränen Meister" – mit meinem Vorgehen auch tief zu beeindrucken. Um so Respekt und Anerkennung von ihm zu bekommen. Um einmal mehr in der Welt der starken und erfolgreichen Männer mitspielen zu dürfen.

Schon gegen Ende meiner Ausführungen und unserer zweistündigen Coaching-Session steht Klara plötzlich auf. Sie geht zu einem Regal und holt aus einem Pack von Zeitungen einen Ausschnitt hervor. Mit den Worten: "Wie nachhaltig ist der Erfolg von Blendern? Und wie viel Einsatz ist Erfolg wert?" übergibt sie mir eine Kurz-Meldung über den Schweizer Management-Guru Paul Kleemann. "Lies dir diesen Artikel mal in Ruhe zu Hause durch. Frag dich diese zwei Fragen mehrmals in den nächsten Tagen. Und versuch eine Antwort für dich zu finden. Für dich! Nicht für dein gesellschaftliches Umfeld und nicht für die Allgemeinheit. Frag dich täglich und antworte dir täglich schriftlich – trag's z. B. in dein Tagebuch ein", rät sie mir.

EIN GURU VOR DEM AUS?

Paul Kleemann – bis vor wenigen Monaten einer der gefragtesten Schweizer Motivations- und Management-Gurus – steht ab heute, Freitag, wegen Betrugs vor Gericht. Dem 43-jährigen werden diverse Delikte – u.a. Steuerhinterziehung und fahrlässige Krida im Zuge seiner zwischenzeitlich in Konkurs geratenen Beratungsfirma – zu Last gelegt.

THAT'S IT!

Wie nachhaltig ist welche Art von Erfolg? Muss nachhaltiger Erfolg schnell sein?

Sind Skrupel reine Frauensache?

Wild entschlossen meine Karriere nicht irgendwelchen blödsinnigen Fehlern zu opfern und bereit dafür auch eine ordentliche Vertuschungs-Kampagne durchzuziehen, starte ich in den nächsten Tag. Dabei beruhige ich mich selbst gegen aufsteigende Skrupel: "Du lügst ja eigentlich niemanden an. So wie du das planst, sagst du einfach nicht alles, was du weißt. Das ist nicht so schlimm. So lautet doch auch eine dieser Erfolgs-Empfehlungen: Wisse immer, was du sagst, sag aber nicht immer, was du weißt." Und genau das mache ich. Wieso soll ich unnötig schlafende Hunde – sprich: mir nicht wohlgesonnene Partner – wecken. Die

Kanzlei hat keinen Schaden dadurch – bekommt das Geld ja ohnedies von der Versicherung zurück.

"Es wird doch immer gepredigt, lösungs- und nicht problemorientiert zu denken. Und dass ich nicht viel Wind um meinen Fehler mache, ist doch nur natürlich. Das versteht doch jeder erfolgsorientierte Mensch – und wird zumindest jeder erfolgreiche Mann vermutlich auch so machen. Nur das anerzogene Weibchen in mir ist immer so hinderlich ehrlich", bereite ich mich gedanklich auf mein Gespräch mit Günter Waldmann, meinem Mentor und Senior-Partner in unserer Kanzlei vor.

Gott sei Dank erwische ich ihn noch vor seinem Urlaub. Da für so hohe Beträge nur Partner zeichnungsberechtigt sind, werde ich einfach Günter bitten, mir die Anweisung unseres Kanzlei-Anteils über 15.000 Euro an meinen Jungwinzer zu unterzeichnen. Günter kann ich wohl getrost von dem Fehler erzählen und ihn in mein Vorgehen einbeziehen. Er ist mein Mentor und ab morgen drei Wochen auf Urlaub. Da kann er den Fall nicht mehr im Partner-Meeting berichten und die Überweisung wird – stillschweigend und unbemerkt von den anderen Partnern – erfolgen. Vorm Jahresabschluss ist der Betrag sicher längst von der Versicherung wieder auf unserem Konto und im allgemeinen Jahresabschluss-Trubel wird kein Partner groß nachfragen, weshalb ein Ausgang von 15.000 Euro erfolgt ist und einige Wochen später ein Eingang in gleicher Höhe von der Versicherung. "Also wirklich Mädel, scheiß dich nicht so an", werde ich etwas deftiger zu mir selbst, ärgerlich, dass ich mir überhaupt so viele Gedanken darüber mache und die Aktion überhaupt als Vertuschungs-Aktion bewerte. "Du sagst es eh Günter. Du vertuscht es also nicht mal wirklich. Die ganze Sache kommt lediglich nicht ins Partner-Meeting. Mein Gott, das wird nicht der einzige Fall sein, der dort nicht behandelt wird. Und meine Herrn Kollegen lassen sich deshalb sicher viel weniger graue Haare als ich wachsen. Solche Aktionen gehören zum Leben eines Karrieristen."

THAT'S IT!

Die Fragen aller Karriere-Fragen: Wie viel Einsatz ist Erfolg wert?

Gesagt? Gehört?

In Günters Büro scheint eine Bombe eingeschlagen zu haben. Totales Chaos. Überall Stöße von Papier. Sogar am Boden. Und am Sessel, den Günter mir jetzt frei macht für unsere Besprechung. "Ich hasse Urlaub", schimpft Günter. "Warum ich mir das jedes Jahr aufs Neue antue. Die Woche davor ist ein einziger Wahnsinn. Und wennst zurück kommst, ist die ganze sogenannte Urlaubs-Erholung ohnehin innerhalb der ersten Woche wieder weg. Also, wenn Lisa (Ammerkung: die jüngste seiner drei Töchter) nächstes Jahr mit der Schule fertig ist, wird sich das mit den dreiwöchigen Familienurlauben endgültig aufhören. Ist eh für alle nur mehr eine Qual. Blödsinnige Tradition."
Ich setz mich etwas unsicher nieder. Soll ich ihm nun meinen Fehler und meine Lösung des Problems inklusive meiner Gefühle und meiner Überlegungen lang und breit erklären? Und ihn durch ein längeres Gespräch vielleicht noch zusätzlich stressen? Oder soll ich nur ganz schnell die Eckpunkte erwähnen und riskieren, ihn nicht vollständig informiert zu haben? Als ob er meine Gedanken lesen könnte, bittet mich Günter: "Lili, sei mir nicht bös, aber sag mir bitte ganz schnell und nur mit den allerwichtigsten Highlights, worum es geht. Du siehst, bei mir ist der totale Wahnsinn zu Haus. Ich hab noch so viel zu erledigen in den nächsten zwei Tagen, dass ich gar nimmer richtig denken kann. Geschweige denn zuhören."
"Dein Wunsch ist mir Befehl", grins ich innerlich.

Also umreiße ich ihm den Fall ganz kurz. Lege meinen Schwerpunkt auf die schleißige Rechtsberatung und auf die Bitte von Dr. Meinrad, der um seinen Ruf besorgt ist, doch rasch an den Winzer zu überweisen. Mit der Versicherung sei alles schon gecheckt, leg ich noch ein Schäuferl an Flunkerei nach, und eine baldige Retournierung "unserer" Euro zugesagt. Es wäre mir nur ganz wichtig, dass er als mein Mentor das noch vor seinem Urlaub alles erfahren würde und die Überweisung noch freigeben könnte, weil die Partner sonst ja alle auf seine Rückkehr warten würden und drei Wochen nichts weiterginge.

Günter zuckt schon ein bisschen ob der Höhe des Betrags zusammen und ist natürlich auch über den Fehler entsetzt. Aber sein Stress, unsere bisherige gute Zusammenarbeit oder meine überzeugende Erzählung bewegen ihn dazu, mir seine Unterschrift auf die Überweisung noch vor seinem Urlaub und ohne Absprache mit den anderen Partnern zu geben. "Ich bitte dich aber, vor der tatsächlichen Anweisung des Betrags den anderen Partnern den Fall auch nochmals zu schil-

dern. Auch wenn ich allein zeichnungsberechtigt bin, will ich solche Dinge nicht allein entscheiden. Aber mein Urlaub soll ja nicht auch noch wichtige Entscheidungen verzögen", beendet er eine Viertelstunde später unser Gespräch.
Mein Versprechen, mit den Partnern darüber zu sprechen, hat er gar nicht mehr eingefordert. Und ich hab's ihm natürlich nicht gegeben. Somit hab ich ihm eigentlich nicht wirklich was versprochen – hab ich's überhaupt gehört – ja, hat er da überhaupt so was gesagt ... Durch das offene Fenster, das direkt auf die befahrene Straße rausgeht, ist es manchmal richtig schwer alles zu verstehen ...

Trotz erleichternder Blitz-Erkenntnis, dass nicht immer alles gehört wird, was gesagt wird, und ohnedies nicht jeder Gedanke und jede Aufforderung tatsächlich ausgesprochen wird, bin ich hin- und hergerissen zwischen schlechtem Gewissen und tiefer Erleichterung. Jedenfalls stolz die Situation so gemanagt zu haben, geh ich auf Mittagspause. Ich brauche unbedingt frische Luft. Im Angesicht des herrlich blauen Himmels und der strahlenden Sonne draußen kommt seit langem wieder einmal ein Hauch Fröhlichkeit in mir auf. "So, wieder was geschafft", strahl ich mich gedanklich an. "Und dass du das so gut hingebracht hast, ist jetzt das eindeutige Zeichen, dass du alles schaffen kannst. Auch dein Leben wieder in die ursprünglichen Bahnen bringen. Halt ein Leben ohne Max. Aber mit einem gut bezahlten Job und bald als Partnerin in einer renommierten Wirtschaftsprüfer-Kanzlei."

THAT'S IT!

Alles ist relativ – auch die Ehrlichkeit.

Daunendecken-Schutzschild gegen die böse Welt

Einen Tag später sehe ich nicht mehr alles so sonnig und heiter. Parallel zum kühlen Regentag hat sich auch meine Gemüts-Wetterlage merklich verschlechtert. Ich organisiere zwar noch, dass die Anweisung an meinen Winzer fertig gemacht wird und von Günter auch tatsächlich unterschrieben, melde mich dann aber erstmals seit meiner Berufstätigkeit krank. Lasse alle Termine durch meine Sekretärin absagen und bitte sie, auch wirklich keine Telefonate auf mein Mobiltelefon umzuleiten.

Ich will Günter nicht mehr über den Weg rennen. Und auch keinem anderen Partner. Ich will niemanden treffen. Erstens aus Angst, dass im Finish von meinem

Fehler und meiner Fehlerlösung doch noch mehr publik wird als mir lieb ist. Und zweitens aus Schuldgefühl gegenüber Günter.

Das "brave Mädchen" in mir findet die Aktion nämlich gar nicht mehr o.k., sondern ziemlich link.

Und ärgert sich auch, dass ein Typ wie Dr. Meinrad in kürzester Zeit meinen – vielleicht etwas weniger charismatischen, aber mindestens ebenso souveränen – Günter Waldmann von meinem persönlichen "Den-will-ich-beeindrucken"-Podest stoßen kann. Ja, nicht nur hinunterstoßen, sondern mich auch noch verleitet Günter zu hintergehen. Weil eigentlich ist es ja ein Hintergehen. Ich werde ja den Fall nicht wirklich vor den Partnern präsentieren. "Also, das hat dir der Meinrad jetzt aber nicht vorgeschlagen – das ist schon ganz allein deine Entscheidung", meldet sich mein wahrheitsfanatischer Gewissens-Teil.

So als ob ich mir selbst vortäuschen müsste, dass ich wirklich krank bin, lege ich mich nach dem Telefonat mit meiner Sekretärin und unserer Buchhaltungskraft wieder ins Bett. Mein Bett war mir seit frühester Kindheit immer schon "Leo", wenn es unangenehm wurde – wenn ich Angst hatte und mich verstecken wollte – zum Beispiel vor Schularbeiten oder vorm Zahnarzt. Lange verdrängt, besinn ich mich wieder meiner "Festung" und kuschle mich fest in meine Decke ein.

Motto: "Mit Daunen-Schutzschild gegen die böse Welt!"

Ganz so draußen lassen kann ich die "böse Welt" aber leider doch nicht. Auf dem Weg zur Toilette find ich mein Coaching-Heft. Da schreib ich mir diverse Gedanken, die mir durch das Coaching kommen, rein. Fragen an Klara und vor allem die Fragen von Klara an mich. Hefte auch immer die diversen Unterlagen von ihr rein. So wie z. B. den Artikel über Paul Kleemann. Und aus der Headline "Ein Guru vor dem Aus" wird vor meinen Augen plötzlich "Elisabeth Müller vor Gericht".

"Blödsinn", schüttle ich verärgert über meine Phantasie den Kopf. "Du unterschlägst kein Geld. Also hör auf da jetzt aus einer Mücke einen Elefanten zu machen. Nur weilst in eine Klosterschule gegangen bist.", beruhige ich mich selbst. Aber die Fragen von Klara beschäftigen mich schon – nicht nur, weil sie mir empfohlen hat darüber mehrere Tage lang nachzudenken – sondern aus meiner eigenen momentanen Situation heraus motiviert: Wie nachhaltig ist der Erfolg von Blendern? Und wie viel Einsatz ist Erfolg wert?

Und während ich so im Bett herumkugle kommen mir noch weitere Fragen in den Kopf: Was ist das Faszinierende an Blender-Typen? Oder sind sie gar nicht so fazinierend? Und sind Blender-Typen tatsächlich immer Blender oder tut man ihnen nicht auch oft aus Neid unrecht und hängt ihnen halt dieses negativ-besetzte Wort "Blender" an? Wäre ich selbst gern ein Blender? Oder bin ich einer? Was ist schlecht an kurzfristigem statt nachhaltigem Erfolg? Ein "Quicki" – also kurz und intensiv – hat ja auch seinen Reiz. Will ich wirklich um jeden Preis erfolgreich sein? Welchen Preis bin ich bereit dafür zu zahlen? Kollegen hintergehen? Blenden und vertuschen? Meine Persönlichkeit verändern?
Will ich andere Menschen beeindrucken ohne Substanz dahinter zu haben?
Ich zücke mein Tagebuch und schreib mir meine Gedanken und Antworten von der Seele. Ohne wirklich Antworten zu finden – also nachhaltige Antworten. ;-)

Zwei Stunden und fünfzehn vollgeschriebene A5-Seiten später reicht es mir mich mit mir, meinen Fehlern und meinen Erfolgs- und Männer-Wünschen zu beschäftigen. Ich will was anderes Denken. Will mein schlechtes Gewissen nicht weiter pflegen. Ich beende meine Aufzeichnungen und mein Grübeln mit dem aufschiebenden, aber in der Situation nicht unpassenden Satz: Na, schau ma mal.

THAT'S IT!

"Na, schau mal" - statt im Kreis grübeln.

Von Fehlerkultur und After-Scheidungs-Feeling

Entschlossen dieses Winzer-Ding nun fertig durchzuziehen – also bei den Partnern nicht zu thematisieren, Günter aber im Glauben zu lassen es getan zu haben, "unsere" Hälfte des vom Finanzamt geforderten Betrags, also 15.000 € , zu überweisen und auf die Zahlung der Versicherung zu warten – lebe ich meinen "normalen" Alltag. Soweit in meinem Leben noch ein "normaler" Alltag existent ist. Mein schlechtes Gewissen ist irgendwo ganz weit nach hinten verdrängt. Besänftigt durch meine Einsicht, dass ich sicher nie wieder so eine Aktion fahren werde. Kein begeisterter Vertuscher und schon gar kein Blender bin. Und diese einmalige Vertuschung ja nur wegen der greifbar nahen Partnerschaft gemacht habe. Und ich mich, sobald ich diese in der Tasche habe, nicht mehr zu so einem Verhalten genötigt fühlen werde. Ja, ich fühle mich eigentlich zu dem Verhalten genötigt.

Hätten wir eine gelebte Fehler-Kultur im Unternehmen – wie das andere Firmen haben –, dann wären meine Halbwahrheiten gar nicht notwendig gewesen. Darin sehe ich auch eine Mission für die Zukunft. "Sobald ich Partnerin bin, werde ich darauf Einfluss nehmen, dass sich keiner mehr fürchten muss, wenn er einen Fehler gemacht hat. Es ist doch viel wichtiger, dass derjenige, der etwas verbockt hat, eine Lösung findet. Bzw. dass man ihn bei der Lösungsfindung unterstützt. Gemeinsam das Problem angeht. Ihn nicht aus Angst vor Konsequenzen zum Vertuschen nötigt. Fehler haben ja so viel Lernpotenzial. Und das gemeinsame Lösen verbindet sicher mehr als jedes Out-door-Training", erkläre ich mir mein Verhalten selbst und fühle mich als Opfer unserer Unternehmenskultur.

Und mit der Winzer-Aktion ist es schlussendlich wie mit vielen Dingen im Leben. Mit der Zeit wächst Gras über die Sache und man vergisst. Naja, vergessen ist nicht ganz korrekt – dazu fehlt noch die Überweisung der Versicherung. Aber ich denke nicht mehr dauernd dran.

Außerdem hat meine nun tatsächlich vollzogene Scheidung das Emotionen-Zepter in der Hand. Im besten "Einvernehmen" und "als Freunde" gehen Max und ich nun ganz offiziell und von Amts wegen abgestempelt getrennte Wege. Ich habe ihm unsere gemeinsame Wohnung überlassen. So schön sie auch ist, dort zu wohnen wäre kein guter Start in mein neues Leben gewesen. Also bleib ich weiterhin in meinem alten Studentenappartement und werde mich demnächst mal nach einer neuen "standesgemäßen" Wohnung umschauen. Zur Zeit fehlt mir dazu aber die Muße.

Im Augenblick fehlt mir eigentlich zu allem die Muße. Und obwohl es ein angenehmer Sommer mit vielen lauen Abenden ist, spielt sich mein Leben auch abends hauptsächlich in meiner Wohnung und in meinem Büro ab. Dabei merke ich, dass ich eigentlich gar nicht so wenig Freizeit habe. Dachte bisher immer, dass mein Leben nur aus Arbeit bestünde. Stimmt nicht. Im Augenblick würde ich sogar meinen, ich hab ein bisschen zuviel Zeit ... leere Zeit ...

Klar, ich habe Freunde, die sich voll lieb um mich kümmern. Mich anrufen, mit mir weggehen wollen. Oder mich einladen. Vorschläge für Wochenend-Aktivitäten bringen. Aber so wirklich kann ich mich meist nicht aufraffen. Oder besser überwinden. Will mich nicht überwinden, schon wieder von meiner Scheidung bzw. Max zu sprechen. Oder, schlimmer noch, verkrampft und bewusst nicht davon zu sprechen. Zum x-ten Mal sagen zu müssen, dass ich noch keinen neuen Freund hab und auch keinen Plan, was ich mit meiner "neu gewonnen Freiheit" (O-Ton Eva) anfangen werde. Ich find es auch nicht besonders angenehm, als "trauernde Ex" das Sozialprojekt eines Abends zu sein. So nach dem Motto: Wir Gutmenschen kümmern uns auch um Scheidungsfälle ... Auf diese Art von Aufmerksamkeit kann ich irgendwie verzichten. Und auch die zwei absolvierten Wochenend-Ausflüge mit befreundeten Ehepaaren waren eigenartig. Zu Beginn fühlte ich mich wie das fünfte Rad am Wagen und gegen Ende wie eine Schlampe, die ihrer Freundin den Mann ausspannen will. Ich mein, nicht dass da je Gefahr bestanden hätte, aber die kontrollierenden Blicke der Ehefrauen, wenn ich mit ihren Männern länger plauschte und vielleicht auch noch lachte, waren ganz schön scharf. Denke, vor meiner Ehe hätten mich solche Blicke ja eher aufgestachelt zum "Weitermachen" und zum Charme-Dosis erhöhen. Seit ich aber die andere Seite der Medaille kenne, find ich die Sorgen der Ehefrauen nicht mal so abwegig und sogar verständlich. Aber anzipfen tut mich ihr Verhalten mir gegenüber trotzdem. Könnte jeder einzelnen von ihnen einen beglaubigten Notariatsakt geben, dass ich null Bock auf Mann habe und somit keinerlei Gefahr bin. Aber auch wenn mir im Augenblick die Phantasie fehlt, wie eine neue Beziehung zustande kommen könnte und sein würde – insgeheim hoffe ich schon sehr, bald wieder im Paar-Lauf auftreten zu können.

"Wir haben eine gewisse Nachhaltigkeit erzielt,
weil wir in unserem Unternehmen das Lernen aus Fehlern zum Prinzip gemacht haben.
Das ist Teil des Firmenerfolgs.
Dieses Prinzip zelebrieren wir auch.
Denn nur reden darüber und es nicht wirklich leben, bringt nichts."
Mag. Norbert Zimmermann
Vorstandsvorsitzender der Berndorf AG

THAT'S IT!

Wozu vertuschen? Fehler haben ganz arg viel Lernpotenzial!

Und was ist Ihr "That's it" zum Thema dieses Kapitels?

Aufgeflogen!

"Es ist die reinste Katastrophe", schluchze ich hemmungslos in Monis Nacken. "Alles ist aus! Was soll ich jetzt nur tun?" Selbst die etwas geschockt dreinschauenden Mitarbeiter von Moni können meinen Gefühlsausbruch nicht stoppen. Ich bin aufgeflogen!! Meine perfekte Vertuschung war ganz und gar nicht perfekt. Ich bin einen mir freundschaftlich verbundenen Mentor und eine lebenslang angestrebte Kanzlei-Partnerschaft los! Da sind die Blicke von Monis Mitarbeitern meine geringste Sorge. Nicht wissend, was ich nach diesem furchtbaren Vormittag tun soll und wohin ich gehen soll, bin ich einfach direkt in Monis Büro gefahren. Ohne vorherigen Anruf, ohne Mail – schnurstracks in ihr Architekturbüro "Baldauf & Baldauf".

Nach einigen Schock-Momenten, in denen wir mitten im Büro gestanden sind, zieht mich Moni in das Besprechungszimmer. Sie befreit sich vorsichtig von meiner Umklammerung, setzt mich auf einen Stuhl, öffnet mir eine der am Tisch stehenden Mineralwasserflaschen, schenkt mir etwas Wasser in das daneben stehende Glas. Sie schiebt den überquellenden Aschenbecher der letzten Besprechung ans andere Tischende, öffnet das Fenster und setzt sich dann durch diese diversen Aktivitäten sichtlich wieder ent-schockt neben mich.

Dankbar über den Tisch als Kopfstütze schluchze ich während dieser Zeit unaufhörlich in meine Arme, die mir gleichzeitig Kissen und Rotzfänger sind.

Ich schau erst auf, als Moni mir ein Taschentuch reicht. Ich schnäuz mich kräftig, wisch meinen berotzten Oberarm ab und weil ich vom Weinen ganz außer Atem bin und einen trockenen Mund habe, gibt's eine kurze Schluchz-Verschnaufpause und einen Schluck Wasser.

Diese Zeit nützt Moni in ruhigem Ton die Fragen aller Fragen zu stellen: "Was ist eigentlich passiert? Was hast du vertuscht? Und was bist du alles los? Ich versteh nur Bahnhof."

Ich glaub, diese Aktion war die bisher einzige seit unserer mehr als 20-jährigen Freundschaft, die ich auch vor Moni geheimgehalten habe. Ich wollte ja so wenigen Menschen wie möglich davon erzählen. Wollte das Thema nicht mal mehr mit mir selbst behandeln. Hab mich gefürchtet, geniert und schlussendlich für mich die Lehre gezogen: "Vertuschen ist ein riesengroßer Topfen. Belastet mein Gemüt. Kostet mich zu viel Energie. Deshalb ab sofort: Mut zur Fehlerkultur."

Wollte diese ganze Winzer-Fehler-Vertuschungs-Aktion eigentlich nur mehr verdrängen und irgendwann vielleicht mal in x Monaten oder Jahren "öffentlich" aufarbeiten. Wenn es zum Thema "Fehler-Kultur in unserem Unternehmen" gepasst hätte. Und ich als gut-etablierte Kanzlei-Partnerin was verändern hätte können. Wenn meine Message "Fehler machen ist unumgänglich. Machen wir das beste draus und nützen wir jeden Fehler als Verbesserungspotenzial" eine reale Chance auf Beachtung gehabt hätte. Tja – aber wie so vieles in letzter Zeit kommt es anders, als ich es mir ausgedacht habe.

Unterbrochen von Schluchzen, Schnäuzen und Jammern erzähle ich Moni nunalso ausführlichst die ganze Geschichte. Fange bei meiner Verzweiflung über den Finanzamtsbrief an meinen Winzer an und höre eine Stunde später beim Auffliegen meiner "perfekten" Vertuschung auf.

THAT'S IT!

Mit verdrängen ist es nicht weg!

Das Ende einer perfekten Vertuschung

Dabei schien bei meiner Fehler-Vertuschung alles perfekt durchdacht und zu funktionieren. Schön langsam hatte ich mich auch wieder in meiner Haut wohlgefühlt. Ich bin ja nun wirklich keine professionelle Lügnerin oder Vertuscherin. Und mein Gewissen war daher mit der Situation mehr als überfordert. Als Günter von seinem dreiwöchigen Urlaub zurückgekommen ist, war überhaupt die schlimmste Zeit für mich. Ich bin mir so schäbig vorgekommen und hatte vor allem furchtbare Angst, dass er mich auf die Überweisung bzw. den Fehler aktiv anspricht. Dass er mich fragt, ob ich das mit den Partnern gut geklärt hätte und eh alles o.k. gegangen wäre.

Ich rechnete fest mit diesen Fragen, weil Günter sich Projekte immer merkt und bis zum tatsächlichen Finish im Hinterkopf behält. Und ich übte mehrmals täglich im Geiste, wie ich ihm alles erklären würde. Ich wollte ihn keinesfalls noch ein zweites Mal anlügen. Würde offen sagen, dass ich es nicht mehr mit den Partnern besprochen habe, sondern direkt überweisen habe lassen. Dass ich das aber nie mehr tun würde, es mir furchtbar leid tue und ich mich vielmals für die Aktion entschuldige. Aber leider hat Günter zum ersten Mal einen Fall offenbar wirklich vergessen.

Warum leider? Weil ich schon früher aufgeflogen wäre und es dann vielleicht noch eine "Rettung" für mich gegeben hätte. So aber wähnte ich mich in Sicherheit. In falscher Sicherheit.

Natürlich war da im Kopf schon noch immer die ausständige Bezahlung durch die Versicherung. Aber ich war mir ungemein sicher, dass die Überweisung nicht mehr lange dauern könnte. Naivität? Scheuklappen? Höhere Bestimmung? Ich weiß es nicht. Jedenfalls kam statt der Überweisung ein Brief der Versicherung, in dem stand, dass der Betrag leider nicht ersetzt werden könnte, da unsere Kanzlei nicht gegen den Bescheid des Finanzamts berufen hätte. Und der Bescheid durchaus bekämpfbar gewesen wäre. Das Finanzamt nämlich das sogenannte billige Ermessen überschritten habe, indem es den gesamten Betrag einfach einem der Winzer willkürlich vorgeschrieben habe.
Das Schlimmste dran: Die Versicherung hat recht! Ich hätte berufen müssen. Und ich hab in meiner Panik diese Möglichkeit nicht mal in Betracht gezogen!

Der Versicherungsbescheid ging natürlich nicht persönlich an mich. Ich bin ja nicht der Versicherungsnehmer. Ein Faktum, das ich Idiot natürlich auch nicht bedacht habe. Auch ein positiver Bescheid wäre natürlich über den Partner-Tisch gelaufen. Allerdings vermutlich doch mit etwas schaumgedämpfteren Auswirkungen.
Durch den negativen Bescheid, der den Partnern da plötzlich auf den Schreibtisch geflattert ist, wurde mein Fehler und meine Vertuschungsaktion allerdings blitzschnell und akut ein Thema. Und so hatte ich null Gelegenheit mich auf die dadurch entstandene Situation vorzubereiten. Wurde plötzlich und unerwartet ins

wöchentliche Partner-Meeting berufen. Was mich zwar erstaunte, aber nicht sofort beunruhigte.

Als ich aber die Tür des Besprechungszimmers aufmachte, wusste ich:
"Lili, du bist aufgeflogen!"

THAT'S IT!

> "Kleine" Unbedachtheiten haben oft große (Nach-)Wirkung.

Vorm "jüngsten Kanzlei-Gericht"

Was dann passiert ist, war schlimmer als Matura, Diplomprüfung und Rigorosum zusammen. 14 eisige Männer-Blicke waren auf mich gerichtet. Wie diese grellblendenden Geständnis-herauslock-Lampen aus den alten Hollywood-Filmen. Und auch das "Verhören" lief nicht viel anders ab. Außer, dass ich – anders als in Hollywood-Drehbüchern – sofort geständig war.

Erstaunlicherweise war ich aber bei der Befragung ziemlich tough. Konnte mit fester Stimme und direktem Blick jedem meiner "Staatsanwälte" Rede und Antwort stehen. Nur Günter konnte ich immer nur rasch "vorbeifliegend" ansehen. Er hingegen hatte seine Augen die ganze Zeit auf mich gerichtet. Traurig und enttäuscht. Nicht ein bisschen wütend. Günter sprach während der ganzen Besprechung kein Wort. Stellte keine Fragen. Machte auch keinen einzigen Einwurf, als ich von meinem Vor-Urlaubs-Gespräch mit ihm erzählte. Nichts. Er wurde von den anderen Partnern während meiner Anwesenheit auch nichts gefragt. Er bewegte sich in dieser Stunde höchstens zwei Mal. War während der ganzen Zeit sehr Sphinx-ähnlich.

Nachdem alle Fakten auf dem Tisch lagen und ich jede Frage wahrheitsgetreu beantwortet hatte, war es plötzlich total ruhig im Raum. Scheinbar wartete jeder, dass irgend jemand sich zum Richter erhob und ein "Urteil" aussprach. Und tatsächlich erhob sich der Gründer und Hauptpartner der Kanzlei, Dr. Frank Oberbauer. Im Zimmer herumgehend, mit vor der Brust verschränkten Armen erklärte er mir: "Frau Kollegin, Sie werden verstehen, dass wir diese Geschichte nicht so auf sich beruhen lassen können. Ich will aber auch nichts vorschnell vom Zaun brechen. Wir haben Sie ja bisher als ausgesprochen engagierte und aufrichtige Person wahrgenommen. Wir werden jetzt, da wir den Fall von Ihnen genau geschildert bekommen haben, über unser weiteres Vorgehen beraten. Wenn Sie bitte so nett wären und in der Kanzlei bleiben – etwaige Termine verschieben oder sich vertreten lassen. Dr. Waldmann als Ihr Mentor wird sich nach unserer Besprechung mit Ihnen in Verbindung setzten. Danke."

Alle warteten nun darauf, dass ich mit kurzer Verabschiedung den Raum verlassen würde. Aber es ging nicht. Meine Beine wollten nicht so wie ich. So tough ich während meiner Befragung auch war, so hilflos war ich jetzt. Meine Wangen färbten sich blutrot. Meine Beine wurden blutleer. Es wirkte fast so, als ob alles Blut aus meinen Beinen in meinen Kopf geschossen wäre. Und ich statt aufstehen gleich zerplatzen würde. Geschah aber wie durch ein Wunder nicht.
Und auch der einige Sekunden später nachgeschossenen Aufforderung "Würden Sie uns jetzt bitte allein lassen.", kam ich nur mit einem flüchtigen "Ja, natürlich" aber ohne körperliches Zutun nach – ich blieb einfach unverändert sitzen. Diese verdammten Beine wollten mir nicht und nicht gehorchen. Erst nach einem schon etwas ungeduldigem "BITTE" von Dr. Oberbauer schaffte ich es, mich zu erheben. Und wie das Amen im Gebet stolperte ich beim Aufstehen auch noch über das Tischbein. Konnte mich aber noch rechtzeitig am Sessel abfangen und so einen Totalsturz verhindern. Wobei ein Fall vor 14 Partner-Augen schon was Symbolisches gehabt hätte. Denn nach diesem Abschluss-Plädoyer war mir klar, dass ich meine Winzer-Aktion nicht unbeschadet überstehen werde. Dass meine Partnerschaft zumindest auf unbestimmte Zeit verschoben werden würde. Aber auch wenn dieses "jüngste Gericht" nun über mich tagen wird, wie eine arme Sünderin mit eingezogenem Schwanz ziehe ich nicht von dannen, schoss es mir plötzlich trotzig ein. O.k., ich hab einen Fehler gemacht. O.k. ich hab nicht korrekt kommuniziert. Und o.k., ich wollte den Fehler durch rasches Beheben vertuschen. Aber zur Schwerverbrecherin lass ich mich nicht abstempeln.

Und dieser Trotz wirkte wie Doping. Aufrecht und mit festem Gang und Blick hab ich "meinen Gerichtssaal" verlassen.

THAT'S IT!

Trotz macht stur. Gibt aber auch Kraft für den aufrechten Gang.

Ringelspiel der ungewissen Fragen

In meinem Büro angekommen, gönnte ich mir erst mal ein ordentliches Stück Schokolade. Meinen Termin um 14 Uhr hab ich gleich von meiner Sekretärin auf einen anderen Tag verschieben lassen. Diese Anweisung konnte ich grad noch geben. Mehr zu arbeiten war ich nicht fähig. Ich stand zwar wieder auf festen Beinen, aber meine Gedanken spielten Ringelspiel: "Was wird jetzt in der Besprechung beschlossen über mich? Wie soll ich Günter entgegentreten? Was soll ich Günter sagen? Was wird er mir sagen?" Und weiter im Kreis: "Was wird jetzt in der Besprechung beschlossen über mich? Wie soll ich Günter entgegentreten? Was soll ich Günter sagen? Was wird er mir sagen?" Und so weiter und so fort. Zum Antworten ist mein Gehirn gar nicht gekommen, so schnell haben sich die Gedanken immer und immer wieder in der Endlos-Schleife bewegt.

Die Arme aufgestützt am Tisch, die Hände wie zum Gebet gefaltet und den Kopf auf meine beiden Daumen gestützt saß ich unbeweglich und flach atmend da. Sicher eine halbe Stunde.

Erst als meine Sekretärin mit der Post ins Zimmer eintrat, beendete ich das Gedanken-Karussell. Wechselte einige unverbindliche Worte wie "Gibt's etwas Besonderes in der Post?" und machte mich dann ans Durchblättern der Poststücke. Aber mehr so alibi-mäßig. Konzentrieren konnte ich mich natürlich ganz und gar nicht. Wartete stattdessen wie gebannt darauf, dass Günter endlich anrufen oder zu mir ins Zimmer kommen würde. Ich wollt das alles endlich hinter mich gebracht haben. So unangenehm mir die Aussprache mit Günter auch schien, diese In-der-Luft-häng-Situation fand ich noch viel schlimmer.

Mein Leben – also zumindest mein Berufsleben – sollte endlich wieder in normalen Bahnen laufen. Ohne energieraubende Vertuschungs-Action, Aufflieg-Angst und Aus-dem-Weg-geh-Paranoia.

Die aufkeimende, unangenehme Vorahnung, dass nicht nur mein Privatleben sondern auch mein Berufsleben so schnell nicht mehr "normal" würde, schob ich bewusst zur Seite. Wollte nicht durch irgendwelche negative Phantasien etwas heraufbeschwören. Aber bei allem Glauben an die Kraft der positiven Gedanken – manchmal werden die Filme, die in meinem Kopf ablaufen, einfach nicht in der Art Realität, wie ich sie mir erträume.

Obwohl: Ich konnte schon oft bei anderen Menschen beobachten und auch an mir selbst erleben, dass sich Gedanken, Träume, Hoffnungen – wenn nur intensiv genug und mit Ausdauer gewünscht – verwirklichen.

Woran es wohl liegt, dass es aber doch nicht immer klappt? Und wie mächtig ist unser Unterbewusstsein wirklich beim Wünsche-werden-wahr-Prozess?

THAT'S IT!

Auch für's Wünschen gilt: intensiv und ausdauernd sein!

Schock hoch drei

Mein erster Schock der nun folgenden Schock-Trilogie trat – laut der Uhr am Telefondisplay – exakt um 11.37 Uhr ein. Da rief meine Sekretärin durch die offene Tür in mein Zimmer rein: "Ich hab die Sekretärin vom Dr. Waldmann dran. Er bittet Sie in sein Büro zu kommen."
Meine unmittelbare Schock-Reaktion: *Schluck*. Denn das hat er noch nie gemacht. Seine Sekretärin bei meiner Sekretärin anrufen lassen um mich zu sprechen, gab es nicht einmal, als ich ganz frisch in der Kanzlei war. Er ruft seit Jahr und Tag immer direkt bei mir an oder kommt einfach spontan zu mir ins Zimmer. Mir war klar, dass das ein eindeutig negatives Zeichen war. Was auch meine Sekretärin bemerkte, die von all den Vorgängen der letzten Zeit wohl bisher nichts mitbekommen hat. Erzählt habe ich ihr jedenfalls nichts und ich schien ihr gegenüber – so glaube ich zumindest – auch immer unverändert souverän.
Jedenfalls hielt sie mich, als ich mich umgehend auf den Weg zu Günter machte, mit fragendem Blick auf: "Ist irgendwas Besonderes los? Das ist ja ein ganz neues Verhalten vom Dr. Waldmann."
Ich gab ihr aber keine Antwort drauf. Hab es einfach mit einem pseudo-lockeren "Ach, vergessen Sie's, ist wohl Vollmond." abgetan. Und das Zimmer mit raschem und besonders forschem Schritt verlassen. Weil locker war ich ganz und gar nicht.

Die Tür zu Günters Büro war offen. Seine Sekretärin, die gerade telefonierte, deutete mir, ich solle reingehen. Sie schaute dabei seltsam mitleidig drein. Aber vielleicht sah ich in ihrem Gesicht auch nur mein eigenes Gefühl ...
Günter saß an seinem Schreibtisch und tippte in den Laptop. "Mach die Tür zu und setz dich nieder", forderte er militärisch-zackig ohne aufzusehen. Kaum, dass

die Türe zu war, hörte er allerdings auf zu tippen. Mit einem stechenden Blick schaute er mich an.
"Was um alles in der Welt hast du dir dabei gedacht?", schoss er mich höchst aggressiv an. Er war keineswegs mehr so phlegmatisch traurig wie bei der Sitzung. Vielmehr spürte ich seine Ambivalenz zwischen eiskaltem Ärger und aggressiver Wut. Zeitgleich mit meinem verängstigen Niedersetzen stand er überdynamisch auf und ging im Zimmer ziellos umher:
"Du hast mich in die blödeste Situation meines ganzen Berufslebens gebracht. Wie komme ich dazu? Woher nimmst du dir das Recht mich in deine Fehler und, noch viel schlimmer, in deine blöden Vertuschungsaktionen reinzuziehen? Ich hab echt viel von dir gehalten. Ja, ich hab mich sogar gefreut, als ich damals bei der Mentor-Aufteilung dich zugeteilt bekommen habe. Ich hab nämlich nicht nur deine fachliche, sondern auch deine emotionale Intelligenz für förderungswürdig eingestuft. Habe dir zugetraut, hier die erste weibliche Partnerin zu werden. Aber scheinbar hab ich mich zu früh gefreut und dich total falsch eingeschätzt. Hab aus dem Goldfisch-Teich wohl eine Piranha geangelt."

Seine kurze Sprechpause versuchte ich zum Antworten zu nutzen. Und zum Rechtfertigen und Erklären. Aber mein "Es-tut-mir-ehrlich-leid"-Start war nur der Auftakt für die nächsten – weit härteren – Wort-Bandagen. Denn Günter eilte schnellen Schrittes zu meinem Sessel. Ich erschrak richtiggehend, so stürzte er sich auf mich. Er stoppte aber zielsicher am Stuhl ab, stützte sich an Rück- und Armlehne auf und sah mir mit messerscharfem Blick in meine Augen. "Es tut dir leid? Es tut dir leid? Lili, du bist nicht auf meinen Zeh getreten. Du hast mein Vertrauen ausgenützt, mich vor meinen Kanzlei-Partnern schlecht gemacht und die Kanzlei, so wie es ausschaut, auch noch um viel Geld gebracht. Da ist ‚es tut mir leid' ein bisschen zu billig."

Eingeklemmt zwischen Stuhl und Günter traute ich mich gar nicht zu atmen während seines Monologs. War sozusagen während dieser zweiten Schock-Phase in akuter Erstickungsgefahr. Erleichtert, dass sich Günter wieder vom Stuhl entfernte, atmete ich kräftig durch und richtete mich wieder auf, wild entschlossen jetzt auch mal was zu sagen. Aber ich hatte keine Chance. Ruhiger, aber keineswegs mit wärmerer Stimme, ging es mit Günters Vortrag weiter. Die Arme vor dem Körper verschränkt, die Füße überkreuzt, an der Wand lehnend und mit dem Blick über mich drüber schauend, fuhr er fort:

"Wir haben uns lang und breit über dich und dein Vorgehen unterhalten im Partner-Meeting. Darüber, wie wir solche Fälle in Zukunft verhindern können. Und darüber, was wir uns jetzt von dir erwarten. Dass du nicht mehr partnerfähig bist, das wird dir ja sicher auch bewusst sein. Wir haben dann auch lange diskutiert, ob wir uns an dir regressieren können und sollen, falls die Versicherung nun wirklich nicht bezahlt. Davon sind wir aber wieder abgekommen. Das wird dich vermutlich erleichtern zu hören. Wir haben auch diskutiert, wie viel und ob überhaupt wir dir noch vertrauen können oder ob wir dich nicht mit sofortiger Wirkung freistellen sollen. Aber damit würden wir uns selbst ins Bein schießen. Und das Letzte, was wir wollen, ist, dass diese Aktion übergroße Wellen in der Kanzlei oder – noch schlimmer – in der Branche erzeugt. Eine einvernehmliche Trennung innerhalb der nächsten drei Monate erscheint uns da die bessere Lösung. Du kannst also noch drei Monate hier arbeiten, dich in Ruhe um eine andere Kanzlei umsehen und vor allem deine Fälle sorgfältig und ordnungsgemäß abschließen bzw. übergeben. Ich hoffe nur, dass wir uns in diesem Fall mehr auf dich und deine Ehrlichkeit verlassen können. Und nur damit du dich auskennst: Ich habe meine Bedenken, ob wir dir noch vertrauen können, in der Sitzung auch klar ausgesprochen, bin aber von den anderen Partnern überstimmt worden. Falls du dich für diese Trennungs-Variante bedanken willst, tu es also nicht bei mir – ich hätte dich lieber heute als morgen aus der Kanzlei."
Stechender als diese Worte hätten auch Messerstiche nicht sein können. Ich erwartete jede Minute tot umzufallen.

Aber wie durch ein Wunder überlebte ich auch diese dritte Schock-Phase. Ja, der Mensch hält wirklich mehr aus, als er manchmal durchstehen zu können glaubt.

Nichts mehr verlieren könnend, setzte ich mit meiner letzten noch verfügbaren Kraft zum dritten und letzten Dialog-Versuch an. Aber Günter schmetterte auch diesen Versuch bereits im Ansatz ab. Wechselte dabei aber erstaunlicherweise die Rolle – zeigte nun den verletzten Mann und bat mich Verständnis dafür zu haben, dass er heute nicht mehr vernünftig mit mir reden könne, dass er einfach über den ganzen Vorfall schlafen müsse. Dass er für alles, was heute aus meinem Mund komme, nur Missgunst und Ärger aufbringen könne. Und wir dieses Gespräch daher heute besser beenden sollten. Er aber vor meinem Kanzleiaustritt eine nochmalige Unterredung für sinnvoll und wünschenswert erachte.

Wie in Trance verließ ich sein Büro. In meinem Büro angekommen, wechselte ich von der Trance sofort in tiefe, hoffnungslose Verzweiflung. Und der Tränen-Marathon startete.

THAT'S IT!

Der Mensch hält mehr aus, als er manchmal durchstehen zu können glaubt.

Alles eine Frage der Sichtweise

Wie ein kleines Mädchen schau ich Moni aus meinen verweinten Augen hilflos und sorgenvoll an: "Was hältst du jetzt von mir? Verstößt du mich jetzt auch? Ich mein, ich kann es ja verstehen, wenn du mit so einer schäbigen Person wie mir nichts mehr zu tun haben willst." Und schon übermannt mich tränenreich das Selbstmitleid wieder.

Aber Moni ist gottlob primär Freundin und erst in zweiter Linie Moral-Instanz. Sie legt ihren Arm um mich. Drückt mich und lässt mich spüren, dass ihre Worte ihre tatsächlichen Gefühle ausdrücken: "Lili, es gibt null Grund dich als Freundin zu verstoßen. O.k., da ist jetzt einiges ziemlich blöd gelaufen. Aber mit unserer Freundschaft hat das doch nichts zu tun. Und du bist doch um Himmelswillen kein schlechter Mensch."

Ungläubig schaue ich in Monis Gesicht: "Nicht?"

Moni: "Natürlich nicht. Und rede dir das nur ja nicht ein! Hörst du!! Natürlich ist es Energieverschwendung zu vertuschen statt Fehler aufzuzeigen und zu beheben. Aber es ist doch alles nur eine relative Sichtweise. Ich mein, ich finde Vertuschung ist nichts so Verwerfliches. Wer vertuscht, will ja meist nur den ursprünglichen Zustand schnell und unauffällig wieder herstellen. Da ist ja noch nichts Schlimmes dabei. Und ich sag dir: Wer noch nicht vertuscht hat, der werfe den ersten Stein, gell."
"Aber Günter fühlt sich total hintergangen von mir", werfe ich erleichtert ob der tröstenden Worte, aber trotzdem verzweifelt über die Situation mit Günter, ein. "Und er hat ja auch ganz recht. Dass ich ihn da reingezogen habe, hat er sich echt nicht verdient. Ich konnte wirklich immer auf ihn zählen. Wenn mir das jemand so gespielt hätte, ich würde ihn nicht anders behandeln und beurteilen als Günter mich.", relativiere ich die Pro-Vertuschungs-Ansage von Moni ins Negative.

Moni: "Zweifelsohne – das mit Günter ist wirklich eine blöde Sache. Aber es ist nun mal so gelaufen. Lass ihm halt ein bisschen Zeit zum Verdauen, dann kannst du sicher nochmals mit ihm drüber reden. Will er ja selbst, hast du gesagt. Und dann wird sich das zweifelsohne große menschliche Dilemma an der Sache sicher klären. Wirst sehen."

Es ist die Mentalität von Gut/Böse, Falsch/Richtig, Freund/Feind, die die Menschen so gnadenlos macht. Es ist wichtig, dass Menschen Ambivalenzen nicht leugnen – weder bei sich noch bei anderen.
Alice Schwarzer/Journalistin/Feministin
(aus www.welt.de)

THAT'S IT!

Menschen täuschen und kränken ist das wahre Dilemma! Vertuschen nur schlechter Energie-Einsatz.

Und was ist Ihr "That's it" zum Thema dieses Kapitels?

Sind Neid und Schadenfreude ansteckend?

Ich hätte berufen sollen! Aber in meiner Fehler-Panik wollte ich nur schnell, schnell alles wieder korrigiert haben. Still, heimlich und rasch die eingebrockte Suppe auslöffeln. Dabei habe ich mich mit der erstbesten – nein, erstmöglichen – Denk-Variante zufrieden gegeben. Ich Idiot! In meinem Wahn, dass alles schnell und effizient sein muss. Aber auch aus der Furcht, dass dieser Fehler meinen Karrierezeitplan durcheinander bringen könnte, habe ich mich genau in jene Situation gebracht, vor der ich mich am meisten gefürchtet habe. Die ich unbedingt vermeiden wollte. Ich habe "ungeduldig sein" als Eigentlich-eh-Tugend bewertet. Und deshalb auch immer guten Herzens – ja fast stolz – Ungeduld als meine negative Eigenschaft bei den Bewerbungs- und F&E-Gesprächen angegeben. Ungeduldig sein ist ja ein gesellschaftlich anerkanntes Manko der Tüchtigen. Also ein Manko, das eigentlich keines ist. Bietet daher eine ausgezeichnete Möglichkeit, um mit seinen schlechten Eigenschaften zu kokettieren.

Ungeduld zugeben wird einem ja auch bei So-bekommst-du-den-Job bzw. So-machst-du-Karriere-Seminaren geraten. Das wirkt dynamisch – prägt das Macher-Image. Mir hat es allerdings niemand raten müssen, ich bin – nein, war! – scheinbar von Geburt an ein überzeugter "Es-muss-rasch-erledigt-sein"-Typ. Seit dieser Woche weiß ich aber: Speed kills! Mich zumindest.

Lethargisch sitze ich in dem großen Bar-Fauteuille. Meine seit 5 Jahren einmal monatlich stattfindende Mädelsrunde hat heute einen Sonderabend anlässlich meiner persönlichen Krisen-Situation einberufen. Einen Rede-dich-aus-und-lass-dich-bemitleiden-Abend sozusagen. Bin mir nicht sicher, ob ich mich darüber freue oder ob es mir nicht vielmehr lästig ist. Sicher, es ist nett, dass ich Freundinnen habe, und es ist auch nett, dass sie Anteil an meinem Leben und meinen

Schicksalsschlägen nehmen. Aber es sind nicht alle so wie Moni in der Runde. So ehrlich und wohlwollend und unzickig. Und alle acht – die Runde besteht also mit mir aus insgesamt neun Frauen – sind erfolgreiche Frauen. Nicht so losermäßig unterwegs wie ich seit neuestem. Sicher, wie ich noch auf der Gewinner-Straße war, da hab ich gut zu ihnen gepasst. Aber jetzt? Ohne Mann und ohne Job und ohne Zukunftsperspektiven bin ich maximal Freiwild für gute Tipps und besserwisserische Ratschläge. Das Letzte, wonach mir gerade ist. ☹

Aus Sorge, dass ich aber auch noch die letzten Menschen, die an mir interessiert sind, verliere, bin ich beim extra einberufenen Mädelsabend also dabei. Außerdem hatte Monis Argument: "Ist dir lieber, wir reden mit dir, oder ist dir lieber, wir reden über dich?" eine gewisse Überzeugungskraft. Denn: Auch wenn mein Selbstwert unter Null gerutscht ist, so ist mir doch lieber, dass ich aufzeigen kann, wie übel mir das Schicksal mitspielt, anstatt die Gerüchteküche über meine Unfähigkeit durch meine Abstinenz anzuheizen.

"Jahrelang war ich dank meines Musterschülerinnen-Syndroms erfolgreich. Meine Erfolgs-Devisen: Erste sein und dabei die Beste! Schnellste sein und dabei perfekt! Belastbar sein und dabei flink wie ein Wiesel! Auf den zeitgeistigen Nenner gebracht: Voll der Power!" Und dann geht's plötzlich *peng* und alles ist dahin. Effektiv alles. Meine Ehe, meine angestrebte Karriere, meine eingesetzten Tugenden und Werte. Nichts ist mehr über. Außer einem Scherbenhaufen mit einer Tafel auf der steht 'kaputtes Restleben günstig abzugeben'", sinniere ich in die Runde.

"Naja, so *peng* war's aber nun auch wieder nicht", wirft meine Freundin Caro in gelassenem Tonfall in meine Selbstmitleidsstory ein. Ohne mich anzusehen schlürft sie mittels Strohhalm den letzten Rest ihres Strawberry-Daiquiri runter. "*Peng* ist es, wenn man einen Unfall oder eine plötzliche Krankheit hat. Für dich war es nur *peng*, weil du anscheinend vor lauter Konzentration auf ein Leben voller Superlativen unsensibel auf Warnsignale aus deinem Umfeld geworden bist. Und nicht nur Power-Frau, sondern auch Speed-Lady sein wolltest."

Bum, das hat gesessen. Die Runde blickt leicht verunsichert und auf meine Reaktion wartend auf mich. Nur Caro schlürft ruhig weiter an ihrem Drink. So, als wäre ihr gar nicht bewusst, welch schwerwiegende Worte sie da gerade so locker von sich gegeben hat. Aber nach der ersten inneren Entrüstung muss ich zugeben, dass Caro recht hat. Ich fühle mich erstaunlicherweise auch gar nicht beleidigt. Höchstens ertappt.

THAT'S IT!

> Power braucht nicht immer Speed. Und das Leben nicht immer Superlative.

Ich will kein Freiwild sein!

Was ich weniger als Caros ruhigen, nicht-wertenden sondern feststellenden Einwurf aushalte, ist die Eigendynamik, die durch ihr Statement und meine gelassene Reaktion darauf entstanden ist. Meine Befürchtung Freiwild für Tipps und Ratschläge zu werden wurde noch übertroffen. Ich bin Freiwild für An- und Beschuldigungen!

"Weißt du, ich denke, du solltest deine egoistische Lebenseinstellung, mit der du ja wirklich viele Menschen vor den Kopf stößt, überdenken. Wenn du Kinder hättest, könntest du ja ohnedies nicht so sein. Ich war ja auch mal so wie du. Glaub mir, ich weiß, wovon ich spreche", kommt zum Beispiel von Lena. Lena ist 39, verheiratet mit Paul, hat zwei Kinder und arbeitet als Head Hunter.

"Ja, Kinder machen eine Frau schon viel weiblicher. Da tut man dann nicht mehr alles für die Karriere. Ich bin mir, seit ich Mutter bin, viel bewusster über die Konsequenzen meines Handels. Bin viel weitsichtiger geworden.", bekommt Lena auch sofort von Margit, einer 40-jährigen Marketingleiterin und alleinerziehenden Mutter, Schützenhilfe. "Lili, du solltest deine Anti-Kinder-Stimmung jedenfalls bei deiner nächsten Beziehung überdenken."

Ich glaub, ich bin im falschen Film!
Natürlich sind alle Hinweise getarnt als nettes Lebenshilfe-Feedback. Aber eben nur getarnt. Die Blicke, Tonfälle, Gestiken und Mimiken meiner sogenannten Freundinnen transportieren mir plötzlich Schadenfreude, Hohn, Ich-bin-halt-doch-besser-als-du-Überzeugungen. Also nicht alle der acht anwesenden Mädels senden mir diese Botschaften, aber immerhin vier. Eine 50%-Rate. Und mir ist im Augenblick wahrlich nicht danach, mich dieser optimistischen Das-Glas-ist-nicht-halb-leer-sondern-halb-voll-Philosophie zu bedienen. Ich fühl mich einfach ver-

letzt. Frag mich, was das für Frauen sind, die da an meinem Tisch sitzen. Freundinnen sicher nicht. Freundinnen täten spüren, dass es jetzt für negatives Feedback ein denkbar ungünstiger Zeitpunkt ist. Auch um etwaige alte Rechnungen mit mir zu begleichen, gibt's bessere Tage.

Moni versucht durch eine besänftigende Stimme etwas aus den aufkommenden Emotionen rauszunehmen. Und neue Themen aufzuwerfen. Aber ziemlich erfolglos. Nach einer Stunde hat der Abend für mich ein Ende. Ich will mir das nicht weiter anhören. Brauch nicht noch mehr negative Energie.
Moni begleitet mich nach Hause. Wir gehen eine Weile stumm nebeneinander. Ich kaue an den diversen Vorwürfen und Moni ringt nach einer Erklärung, was da jetzt eben losgetreten wurde.
"Wow", bricht es dann aus ihr raus, "ich wusste gar nicht, wie schlecht es einigen Frauen aus unserer Runde geht. Wie unzufrieden die mit sich und ihrem Leben sind. Weil, da ist ja irre viel von ihrem eigenen Leben und ihrem eigenen Frust auf dich projiziert worden. Das war eindeutig und unschwer zu beobachten. Da sieht man wieder: Man kennt sich und kennt sich doch gar nicht. Es tut mir leid, dass ich dich zu dem Abend überredet habe."
"Schon o.k.", beschwichtige ich, "es hat mir einfach wieder mal deutlich gemacht, dass Freundin nicht gleich Freundin ist, sondern dass es unendlich viele Abstufungen gibt. Und wie froh ich sein kann, eine wie dich zu haben."

THAT'S IT!

Um jemanden wirklich zu kennen, reicht es nicht ihn zu kennen.

Wäre ich kein Habenichts, müsste ich nicht neiden! ☹

Zuhause angekommen überfällt mich unmittelbar nach dem Öffnen meiner Wohnungstüre ein unbändiger Ärger. Ein Ärger auf mein Schicksal, ein Ärger auf die Menschen, ein Ärger über die Wahl meiner Freunde, ein Ärger auf mich. Und vor allem Ärger darüber, dass ich mein Schicksal nicht mehr im Griff habe. Ein für mich komplett neues Gefühl, weil ich bisher mein Leben sehr gut im Griff hatte. Ja, und über dieses neue Gefühl des Ausgeliefertseins ärgere ich mich erst recht. Eine Aggressivität steigt in mir hoch, die ich bisher von mir nicht kannte. Ich habe das unbedingte Verlangen etwas kaputt zu machen. Ohne viel zu überlegen geh ich schnurstracks in die Küche, öffne den Geschirrkasten und zücke das nächstbeste Kaffeehäferl. Mit voller Wucht schleudere ich es zu Boden. Ich wiederhole den Vorgang insgesamt noch drei Mal. Dann verlasse ich erhobenen Hauptes und etwas entladen die Küche – zufrieden über die unter meinen Füßen knirschenden Splitter.

Ganz im Gegensatz zu meiner sonstigen Art fällt mir weder ein die Splitter zusammenzukehren, noch rechne ich geistig aus, wie viel Geld ich da jetzt gerade kaputtgeschlagen habe.

Aber auch wenn ich meiner Aggressivität Raum gegeben habe zum Ausleben, besser fühle ich mich nur bedingt.

"Diese blöden Gurken", sehe ich meine sogenannten Freundinnen geistig vor mir, "haben von nichts und schon gar nicht von mir eine Ahnung und maßen sich an, über mich zu urteilen. Bah. Die sollen lieber mal vor ihrer eigenen Tür kehren. Diese Wunderfrauen", bürste ich wütend meine Zähne. So fest, dass ich Zahnfleischbluten bekomme.

Und gleichzeitig mit diesen Gedanken kommt zur Aggression mit einem Stich in der Magengegend auch noch ein Neid-Gefühl hinzu. Ein genereller Neid. Auf alle Frauen, die erfolgreich im Job sind. Und vor allem auf alle Frauen, die Männer haben. "Die haben ja alle keine Ahnung, wie es ist, Existenz gefährdende Schicksalsschläge wie einen Jobverlust ohne Lebenspartner durchzustehen. Für die wäre ein Jobverlust ja nicht mal existenzgefährdend, die haben ja das Einkommen ihres Mannes zur Sicherung des Lebensstandards. Und außerdem eine Schulter zum Ausweinen. Ich aber muss das tägliche Leben alleine ohne Mann an meiner Seite meistern", ist mein Selbstmitleid überdimensional angewachsen. Und verleitet mich zu einer mir bisher abgrundtief verabscheuten Glorifizierung des ehelichen Zusammenlebens.

"Und was ist mit Margit, die ist sogar alleinerziehende Mutter und mit Lucia Böhm, die ist erfolgreich und ist auch nicht verheiratet.", meldet sich da ein Lili-Teil in mir, der die restlichen Lili-Teile wieder auf den Boden der Realität bringen möchte. Löst damit aber nur eine weitere heftige Selbstmitleid- und Neid-Diskussion in mir aus. Von Vernunft oder Relativität keine Spur. "Der Vater von Margits Kind zahlt eine Lawine an Alimenten und nur weil Lucia Böhm nicht verheiratet ist, heißt das ja nicht, dass sie keinen Mann hat – vermutlich hat sie sogar mehrere Gönner, die ihr abwechselnd zu Füßen liegen. Die sind beide keineswegs so einsam wie ich."

Beim Wort "einsam" zucke ich innerlich zusammen. "Mein Gott Lili, kaum ein halbes Jahr ohne Mann und du bist schon eine alte, einsame, keifende, neidige Jungfer.", halte ich mit dem Zähneputzen inne und schau in mein erschrockenes Zahnpasta-Schaum verschmiertes Gesicht. "Und alles weil ich nicht mehr mit mir selbst einverstanden bin. Weil mein Lebenskonzept nicht mehr reibungslos funktioniert und ich es ändern muss. Dabei hasse ich Veränderungen doch so.", gesteh ich meinem Spiegel-Ich.

THAT'S IT!

Meine Neidgefühle zeigen mir furchtbar deutlich auf: Ich bin nicht mehr einverstanden mit mir!

Ach, wär ich nur ein Hippie!

Nach zwei Stunden vergeblichen Einschlaf-Versuchen setzte ich mich an meinen Laptop. Ich klick mich in mein Chat-Programm ein und schau, ob Uwe alias "Mephisto" online ist. Und laut Bildschirm ist er im Netz. Es ist zwar schon 1 Uhr nachts, aber Uwe ist ein Nachtvogel. Ist freier Journalist und Schriftsteller. Schreibt viel in der Nacht. Ist Single, da stört das niemanden. Hat er mir zumindest alles so geschrieben, weil persönlich kennen wir uns nicht. Sind nur Chatroom-Bekannte.

Also versuch ich – alias Diva – ihn mal zu einem kleinen nächtlichen Philosophikum einzuladen.

Diva: hallo!
Diva: bist du da?
Mephisto: schönen guten abend ☺
Mephisto: noch nicht im bett?
Diva: kann nicht schlafen ☹
Diva: hast du ein bisschen zeit?

Mephisto: claro, für dich fast immer ☺
Diva: sag, was denkst du über neid?
Mephisto: versteh die frage nicht
Diva: na, was kommen dir für spontane gedanken zum gefühl neid?
Mephisto: kenn ich nicht.
Diva: was?
Mephisto: neidgefühle
Diva: echt?
Mephisto: hab doch mehr als alle anderen - auf wen sollte ich da neidig sein
Diva: zum beispiel auf männer, die eine fixe freundin haben
Mephisto: gönne ich wirklich jedem
Mephisto: und auch wenn ich die vorteile einer tollen fixen beziehung kenne. schätze die vorteile des single lebens ☺
Mephisto: und ich werd ja sicher nicht für immer single sein ;-)
Diva: ic - aber wo liegen bitte die vorteile des single-lebens?
Mephisto: u.a. freiheit und unabhängigkeit
Mephisto: und jede menge zeit, um neue menschen kennenzulernen
Mephisto: oder um mit netten frauen des nächtens zu chatten ;-)
Diva: neue menschen kennenlernen kann man aber auch in einer beziehung
Mephisto: schon, nur nicht so eng ;-)
Diva: verstehe - sex around the clock …
Mephisto: naja, will mal nicht übertreiben. aber ich würde jedem vergönnen, so guten sex zu haben wie ich! ☺
Mephisto: obwohl ich auch weiß, dass das den wenigsten gelingt ;-) - somit: wieder kein grund für neid für mich ;-))))
Diva: klingt ja alles nach liebe-wonne-waschtrog
Mephisto: gell ☺
Diva: und du warst noch nie jemandem neidig, der mehr geld oder erfolg bekommen hat als du?
Mephisto: was ist schon geld und was ist schon erfolg!
Mephisto: mir geht's finanziell echt nicht schlecht - kann mich nicht beklagen. das überlass ich lieber den wohlstands-normalverbrauchern, die eigentlich auch alles haben was man sich nur wünschen kann und dennoch nie zufrieden sind
Mephisto: und sich damit gegenseitig das leben zur hölle machen.
Diva: ich bin schon neidisch.
Mephisto: echt?

Diva: ja. bin es heute geworden. oder bin mir heute dessen zumindest erst bewusst geworden. ☹

Mephisto: oweija.

Diva: ist wirklich ein bescheuertes gefühl. will es gar nicht haben. aber es ist da. auf einmal ist es gekommen. gerade vor zwei stunden beim zähneputzen.

Mephisto: weißt, ich bin ja ein bissi ein hippie.

Mephisto: mein motto: wozu sich um das leben sorgen machen? keiner überlebts ;-)

Diva: und was rät mir der hippie gegen neid?

Mephisto: leb ein schönes leben und genieß es in vollem bewusstsein. das kann jeder. das ist geld- und erfolgsunabhängig. live your dream - der rest kommt von selbst!

Diva: pfff. fällt mir schwer dir zu glauben. trotzdem: danke.

Mephisto: glaub mir, es ist alles eine kopf-sache. dort liegt der hund begraben und dort sind auch die wahren abenteuer - das wusste schon der gute alte andre heller ;-)

Diva: möglich ….

Diva: danke jedenfalls für den kleinen gute-nacht-plausch. ich leg mich jetzt wieder aufs ohr. gn8!

Mephisto: gn8!

"Naja, typisch Künstler", denke ich mir, während ich den Computer abdrehe. "Mephisto täte sich sicher gut mit meinem Bruderherz verstehen. Der würde mir auf meine Neid-Fragen sicher die gleichen Antworten geben. Würde ja gerne wissen, was Mephisto unter ‚mir geht's finanziell echt nicht schlecht' versteht. Wenn er nicht nur in Gedanken, sondern auch beim Lebensstandard ein Hippie ist, braucht er ja vermutlich echt nicht viel. Aber Hippie statt Diva ist keine wirkliche Option für mich. Allerdings, sein Motto hat was ..."

THAT'S IT!

Wozu sich um das Leben Sorgen machen? Keiner überlebt's! ;-)

Neid: Das unbekannte Gefühl

Moni ist wirklich die Allerliebste. Kaum aufgestanden, fragt sie schon nach, wie ich nach dem gestrigen Abend geschlafen habe und wie es mir heute so geht. Die wenigen Stunden, die nach meinem Chat von der Nacht noch übergeblieben sind, hab ich dann sehr gut geschlafen. Traumlos und tief. Was mich allerdings seit dem Wachwerden gleich weiterbeschäftigt, ist mein Neid.
"Sag, bist du manchmal neidig", frage ich Moni für sie sichtlich zusammenhanglos.

Moni: "Wie meinst du das? Ob ich Dinge nicht gerne hergebe?"

Ich: "Nein, sondern ob du manchmal jemanden um sein Glück, seinen Erfolg, seinen Mann, was weiß ich um was, halt ob du ihm um irgendwas neidig bist."

Moni: "Mhm. Also auf meine ursprüngliche Assoziation auf deine Frage, wäre mir eingefallen, dass ich es hasse, wenn ich mir Ildefonso kaufe und Peter möchte auch ein Stück. Da bin ich ziemlich neidig. Aber sonst? – Nein, bin ich nicht. Denke, Neid ist ein Defizitgefühl, aber mir fehlt ja nichts. Wieso fragst du?"

Ich: "Weil ich gestern Abend erstmals bewusst das Gefühl Neid empfunden habe. Aber scheinbar bin ich die einzige schlechte Person in meinem Umfeld, die Neid-Gefühle hat."

Moni: "Was redest du da? Warum bist du deshalb eine schlechte Person. Denke, es ist auch eine Definitionsfrage, was Neid ist. Ich hab ja bei deiner Frage z. B. mit Neid auch ganz was anderes assoziiert. Ist zum Beispiel Eifersucht auch eine Form von Neid? Oder Schadenfreude? Oder Geiz? Denke, du spürst jetzt eher Eifersucht als Neid. Oder? Jedenfalls bist du doch wegen deiner Gefühle noch lange keine schlechte Person. Dass du deine Gefühle spürst und wahrnimmst und zu ihnen stehst, beweist das doch schon – das tät kein schlechter Mensch.

Ich selbst werde mich jedenfalls mal in nächster Zeit beobachten. Vielleicht will ich es ja auch einfach nicht wahrhaben, dass ich auch Neid-Gefühle habe. Könnte natürlich auch sein. Ist ja nicht gerade eine von den Eigenschaften, bei deren Vergabe man drei Mal ‚hier' geschrieen haben möchte."

Stimmt genau. Und deshalb bin ich ja so arg entsetzt über mein Neid-Gefühl. Und jetzt, da es mir bewusst ist, merke ich, dass ich eigentlich in letzter Zeit schon öfters dieses unangenehme Gefühl hatte, mich neidig gefragt habe: Warum hat der oder die das und ich nicht, wo ich doch besser, klüger, bemitleidenswerter bin. Obwohl: Diese Gedanken hatte ich früher schon auch, aber da waren sie Ansporn an mir zu arbeiten, mich zu verbessern. Jetzt aber kommt mit dem Neid die

Aggression, es jenem oder jener wegzunehmen, kaputt zu machen. Und das ist das, was mich erschüttert. "Um Gotteswillen – ich bin bösartig!", schlägt's mir in mein Hirn wie ein Blitz ein!

THAT'S IT!

Auch wenn Neid ein verpöntes Gefühl ist: Ich will meinen Neid nicht leugnen – ich will lernen mit ihm umzugehen.

Lausch-Angriff

Ich muss unbedingt was gegen meine negativen Gefühle machen. Unbedingt. Vielleicht fang ich doch mal mit diesem "positive thinking" an. Mit dem Gedanken an das Sprichwort: "Der Mensch ist, was er denkt" verlasse ich mein Büro Richtung Kaffeemaschine, wild entschlossen wieder Herr über meine Gefühlswelt zu werden. "Bösartigkeit macht ja auch hässlich und als Single-Frau kann ich mir Hässlichkeit keinesfalls erlauben.", meldet sich erstmals wieder seit langem meine weibliche Eitelkeit zu Wort.
Was ich schon als kleinen Fortschritt bei meinem Feldzug gegen meinen Neid und meine Bösartigkeit werte.
Aus der Küche kommt mir – wie zur Bestätigung meiner Freude – ein lautes Lachen entgegen. Gerade als ich die Schwingtüre aufstoßen möchte, höre ich "Die Müller-Lauf? Echt? Unser Superstar ein gefallener Engel?! Ich halt's nicht aus." Erstarrt bleibe ich vor der Türe stehen. Drinnen scheinen sich den Stimmen nach einige Sekretärinnen prächtig über mich zu amüsieren. Aber nicht allein. Mein Assistent Mag. Wolfgang Reisch unterhält einige unserer Damen mit dem neuesten Bürotratsch: "Ja, aber damit sie ihr Gesicht wahren kann und das alles nicht soviel Wellen macht, kann sie noch drei Monate bleiben. Und deshalb gibt's auch noch keine offizielle Info – das, was ich euch da jetzt erzähle, ist ja ganz inoffiziell. Aber explizite Schweigepflicht haben sie mir keine auferlegt. Erzählts' es halt bitte nicht groß weiter."

"Der Lauscher an der Wand hört seine eigene Schand", hat meine Oma mir immer als Kind vorgesagt. Hab ich damals zwar lustig gefunden, aber nicht wirklich verstanden. Heute versteh ich es und finde es dafür gar nicht mehr lustig. Ich frag mich, was gescheiter ist: Kraftvoll eintreten und die lustige Gesellschaft mit meiner plötzlichen Anwesenheit schocken? Oder besser umgehend kehrt machen? Ganz gegen meine bisherige Art entschließe ich mich für den Rückzug. Und sogar

für die Flucht. Ich kann hier in der Kanzlei nicht mehr drei Monate bleiben, das halt ich nicht aus. Ich gehöre hier nicht mehr dazu. Ich gehöre hier nicht mehr her.
Auf dem Weg zurück in mein Büro mache ich bei Günters Sekretärin halt und bitte sie um einen Termin bei ihm. Scheinbar ist sie auch schon über alles informiert, inklusive des von mir begangenen Vertrauensbruchs, denn sie nennt mir nicht einfach wie bisher eine Zeit, sondern vertröstet mich mit einem "Ich ruf sie in ein paar Minuten an, ich muss die Termine erst mit Dr. Waldmann besprechen."
Also ziehe ich mich kaffee- und terminlos in mein Zimmer zurück. Wütend, dass alle hier scheinbar schon vom "Fall Müller-Lauf" informiert sind. Wütend, dass ich nicht weiß, was sie wissen und was sie dazuerfinden. "Das nennen die hier geordnete Übergabe, damit keine großen Wellen entstehen? Dass ich nicht Lache. Die Gerüchteküche ist eröffnet und meine Kompetenz in dieser Kanzlei total untergraben.", denke ich bitter. Am liebsten würde ich die Kanzlei gleich verlassen. Oder zumindest eine Runde spazieren gehen. Aber ich trau mich nicht, weil ich auf Günters Termin-Antwort warte. Und ich will nicht riskieren, einen möglichen Termin wegen Abwesenheit zu versäumen.
Also fange ich mal an, meinen Schreibtisch auszuräumen. Mit Herzklopfen und Knödel in der Kehle miste ich neben Papier und Kugelschreiber auch meine bisherigen Lebenswünsche und Zukunftsvorstellungen aus. Ohne zu wissen, wodurch sie nun ersetzt werden. Bewege mich sozusagen in einem Luft-, Ideen- und Perspektiven-leeren Raum. Für mich zielorientiertes Sicherheitswesen nicht gerade ein kuscheliger, zum Verweilen einladender Ort.

THAT'S IT!

Rückzug ist manchmal die beste Verteidigung. Denn anwesend sein und nicht mehr dazugehören, verletzt.

Sentimental Journey

Zu meinem großen Erstaunen und meiner großen Freude ruft mich Günter zirka eine halbe Stunde später an. Direkt. Nicht von Sekretärin zu Sekretärin. Ich will meinen sofortigen Ausscheidungswunsch aber nicht am Telefon abklären und gehe deshalb zu ihm rüber. Wir haben seit letzter Woche nicht mehr miteinander gesprochen. Teilweise war Günter auch gar nicht im Büro, sondern bei Kundenterminen. Aber ich denke trotzdem, dass wir beide, zumindest unterbewusst, auch

stark versucht haben uns aus dem Weg zu gehen. Jetzt sitzen wir da an seinem kleinen Besprechungstisch und schauen uns traurig an. Traurig, aber nicht böse. Das erleichtert die Sache für mich ungemein. Er lässt mich aussprechen und ich bring endlich meine Entschuldigung an. Aber sichtlich hat er mir auch schon vor meinen Worten vergeben. Sonst hätte er nicht bei mir angerufen. Sonst hätte er nicht diesen traurigen Blick. Ja, es ist eine traurige Situation.
Aber er versteht meine Bitte um Freistellung per Ende der Woche. Mein Assi Reisch ist ja in alle Dinge involviert, eine reibungslose Übergabe an ihn und an Günter dauert daher sicher nicht lange – ist in einigen Stunden zu erledigen.

"Was wirst du jetzt tun", fragt mich Günter. "Keine Ahnung", zucke ich mit den Schultern. "Du bist fachlich wirklich gut, Lili. Wenn du wieder mit dir selbst und deinem Privatleben im Reinen bist, geht's sicher auch wieder bergauf. Ich denke schon, dass du auch weiterhin zu den Erfolgsmenschen gehörst. Auch wenn du dir manchmal selbst im Wege stehst. Mir tut's jedenfalls leid, dass unsere Zusammenarbeit so plötzlich und so unerfreulich endet. Weil ich echt gerne mit dir zusammengearbeitet habe."

Jetzt überkommt mich ein großer Schwall Sentimentalität. Am liebsten würde ich mich an Günters Brust werfen und hemmungslos weinen. Kleines Mädchen statt Business-Lady sein. Aber ich hab mich Gott sei dank unter Kontrolle und quetsche ein "Danke. Ich auch. Ich hab echt viel von dir gelernt." raus.

Sentimental verlasse ich sein Zimmer. Voll Neid betrete ich meins. "Jetzt wird der Reisch wohl hier der Shooting-Star", denke ich mit bitterem Geschmack im Mund, während ich die Akten zur Übergabe herrichte.

Es gibt kein un-rechtes Gefühl.
Jedes Gefühl hat eine Berechtigung
wahrgenommen zu werden.
Dr. Alexandra Knell/Rechtsanwältin und Mediatorin

THAT'S IT!

Ich steh' mir manchmal selbst im Weg. Aber so eine "Straßensperre" ist doch hin und wieder auch sehr schützend.

Und was ist Ihr "That's it" zum Thema dieses Kapitels?

Wo ist das nächste freie Mauseloch?

So, da sitz ich jetzt also. Allein, joblos und nachdenklich. Es ist 9 Uhr morgens. Alle Welt fängt an produktiv zu sein, nur ich sitze hier noch im Bademantel bei meinem Müsli-Frühstück. "Kraftvoll in den Tag" leuchtet mir der Werbeslogan von der Müslipackung fast drohend entgegen. Ich verbanne sie angewidert in den Kasten. Das Letzte, wonach mir jetzt ist, ist eine provokative Aufforderung dieser Art. Von wem auch immer. Und wenn auch nur von einem mir unbekannten Werbetexter.

"Blöde Idee dieser vorzeitige Austritt", ärgere ich mich. "Fühl mich ja jetzt auch nicht besser. Ganz im Gegenteil." Der Kanzlei-Abschied gestern hat mir psychisch schmerzvoll gezeigt, wie verbunden ich dieser Kanzlei bin, wie gern ich dort gearbeitet habe. Wie persönlich wichtig mir einige meiner Kollegen und Mitarbeiter sind. Oder vielmehr waren. Und wie wichtig ich ihnen bin – oder eben war.

Meine Sekretärin hat sogar ein bisschen geweint. "Ich bin ja nicht gestorben. Nur nicht mehr in der Kanzlei. Wir können ja weiterhin in Kontakt bleiben", habe ich sozusagen als Abschiedsvorstellung "Lady-Alles-im-Griff" gegeben.

Heute Morgen fühle ich mich indes in der Tat fast wie verstorben. Leblos und vergessen. Ich hab ja seit meinem Berufseinstieg schon einige Abgänge erlebt und kenne die Situation daher auch aus der Sicht der "Verbleibenden": So traurig man auch kurzfristig ist, am nächsten Tag gibt's business-as-usual.

Keiner geht wirklich längere Zeit ab. Und selbst die ehrenvollsten Verdienste sind Schnee von gestern und in den Augen der Nachfolger nicht wirklich was wert.

Denn wie sagt mein Vater immer so treffend: Die Friedhöfe sind voll mit Menschen, die sich für unersetzlich hielten.

THAT'S IT!

> Niemand ist unersetzlich. Die Friedhöfe sind voll mit Menschen, die sich für unentbehrlich hielten.

ICH-AG bankrott

Das Gefühl der Zugehörigkeit zu der Kanzlei BGAG war eine wichtige Basis meiner sozialen Identität. Bei allen Versuchen eine eigenständige und persönlich anerkannte Person zu sein, ich habe mich als Teil der Marke BGAG gesehen, hab mich hinter ihr versteckt, hab erst durch sie einen Großteil meiner Selbstsicherheit bekommen. Das war mir bis gestern in dieser Intensität nicht bewusst. Ich fühl mich total entwurzelt. Und ich geniere mich. Geniere mich vor mir und der Welt. Fühl mich als totaler Versager. Steh mit 34 Jahren allein, ohne Job und noch viel schlimmer, ohne Ideen da, was ich nun mit mir und meinem Leben anfangen soll. Ja, ich weiß ja nicht mal, wie ich den heutigen Tag verbringen soll. Meine marginal vorhandene ICH-AG ist bankrott. ☹

"Na, was nützen dir jetzt deine tolle Ausbildung, deine super Karrierepläne und die vielen persönlichkeitsbildenden Seminare?", frag ich mich im gedanklich spitzen Tonfall. "Original nix", antworte ich mir laut.
So eine Situation war in meiner Lebensplanung einfach nicht vorgesehen. Gab es in meiner Denke nicht. Mein Hirn war voll mit: Up-up-up-in-the-sky, Stufe-für-Stufe hinauf, die gläserne Decke durchbrechen, orientieren an den Besten. Ach was hab ich Erfolgstipps-Bücher verschlungen! Wie gerne wollte ich eine von ihnen sein, von den strahlenden Gewinnern, die es geschafft haben! Vor allem eine von den wenigen weiblichen Schafferinnen! Hab mich ehrlich bemüht "brave Schülerin" zu sein. Aber das Resultat ist eine glatte 5!
Ich steh jetzt offiziell noch zweieinhalb Monate auf der payroll von BGAG. Bin zur Zeit eigentlich auf Urlaub, hab ja ganz schön was an Zeit angesammelt. Wenn ich allerdings in den nächsten 12 Wochen keinen neuen Job finde, lande ich sogar auf dem Arbeitsamt und muss stempeln gehen! Ein kalter Schauer rinnt mir über die Schulter. In meinen bisherigen Vorstellungen waren Arbeitslose absolute Lebens-

versager. Oder zumindest Leute mit keiner oder nur sehr schlechter Ausbildung. Oder ganz faule Menschen. Jedenfalls keiner wie ich. "Wer arbeiten will, der findet auch Arbeit.", war schon zu Studentenzeiten mein kapitalistischer Überzeugungssatz.

Heute bin ich nicht mehr so sehr davon überzeugt. Und wenn auch in meinem engeren Freundeskreis gerade niemand auf Jobsuche ist, so bekomme ich doch durch Bekannte und bisherige Kollegen mit, dass der Wunsch nach einem neuen Brötchengeber oft erst nach mehrmonatiger Suche Erfüllung findet. Nicht gerade aufbauend!

THAT'S IT!

Auch gut ausgebildete, gescheite und fleißige Menschen können arbeitslos sein. Das ist kein Makel.

Rettet mich vor Mutters Networking

Das Läuten meines Mobiltelefons reißt mich aus meinen Gedanken. "Bist du schon unterwegs?", dröhnt mir die energiegeladene Stimme meiner Mutter ins Ohr. "Nein! Aber vielleicht mal zuerst guten Morgen, Mama", pfauch ich genervt zurück.

Meine Mutter (unverändert freundlich und energievoll): "Ja, guten Morgen, Schätzchen. Was hast du heute vor? Heute ist ja dein erster dienstfreier Tag, gell. Bist du schon fest eingeteilt?"

Ich (jetzt schon fast verärgert, ob so wenig Mitdenken): "Was heißt fest eingeteilt? Wer bitte soll mich fest einteilen? Ich hab grad mal gefrühstückt."

Meine Mutter: "Na, das ist ja fein. Ich hab mir nur gedacht, dass du dich an deinem ersten Tag in Freiheit sicher mit Freundinnen zum Frühstück treffen wirst."

Ich (nicht mehr fast, sondern schon ziemlich verärgert): "Mutter, meine Freundinnen arbeiten alle, die haben keine Zeit mit mir frühstücken zu gehen. Und was meinst du mit 'dein erster Tag in Freiheit'? Ich war nicht eingesperrt! Ich arbeite gerne und ich verdiene damit gutes Geld. Oder hab zumindest sehr gut verdient."

Meine Mutter (nun mit leicht belustigtem Ton): "Oh entschuldige meinen Fauxpas! Ich hab schon ganz vergessen, wie schlechte Laune du in der Früh haben kannst. Also ich mach's kurz, damit ich deine Morgenlaune nicht überstrapaziere.

Ich wollt dich nämlich nur fragen, ob du Lust hast, heute Nachmittag mit mir eine Runde Golf zu spielen. Oder zumindest mit in den Club zu kommen. Wir haben ja viele interessante Wirtschaftsmenschen als Mitglieder, die kommen meist so gegen 17 Uhr auf den Platz. Vielleicht hat ja jemand einen Job für dich. Oder hast du eh schon wieder einen? Und vor allem es sind auch sehr attraktive Männer dabei. Auch welche, die noch solo sind. Du solltest ja neben der Jobsuche keinesfalls die Männersuche vergessen."

Ich (jetzt schon total entnervt): "Du bist wirklich unmöglich, Mama. Hör endlich auf mit deinem Schwiegersohn-Drama. Ich werde schon wieder einen Mann finden. Auch ohne deine Hilfe. Und ob mir heute nach deinem Golfclub ist, weiß ich wirklich nicht."

Meine Mutter (mit Unverständnis in der Stimme): "Ist ja schon gut. Entschuldige, dass ich mir halt Sorgen um das Wohl meiner Tochter mache. War ja auch nur so eine Spontan-Idee von mir. Ich werde jedenfalls so ab 16 Uhr draußen sein. Du weißt also, wo du mich findest, falls du doch Lust bekommst."

Meine Mutter ist ein wandelndes Klischee. Teilweise unpackbar. Also für mich zumindest. Bei den meisten Menschen kommt sie total gut an mit ihrer Spritzigkeit und Lebhaftigkeit. Auch viele meiner Freunde und auch Max schätzen sie sehr und beneiden mich um meine Eltern. Aber man hat auch leicht reden, wenn es nicht die eigenen Eltern sind, da sieht man alles mit einer gelassenen Distanz. Bei den eigenen Eltern sind die meisten Menschen dann doch viel kritischer. Und so gerne ich auch Soaps im Fernsehen sehe – ein Golden Girl als Mutter zu haben kann nervig sein. Würde mich heute viel mehr nach einer typisch österreichischen Mama sehnen. Eine mit 100 Kilo, die mir was Anständiges kocht und mich bemuttert. Die Ruhe ausstrahlt und der ich leid tue. Die mir ein freies Mauseloch sucht. Mich vor "der Gesellschaft" abschirmt. Und nicht eine, die mich "in die Gesellschaft" drängt.

Wobei so ein bisschen Golfspielen als Ablenkung für meinen Geist vermutlich heute wirklich nicht schlecht wäre. Aber ohne gesellschaftlichen Touch. Ohne Leute zu treffen. Hab null Bock auf Plaudern. Und Panik vor Fragen. Was sollte ich denn antworten auf die Frage "Wie geht's denn?" oder auf "Was machen Sie beruflich?" oder auf "Ihren Mann hab ich schon lange nicht mehr gesehen".

"Nein, Golf heute definitiv nicht", beschließe ich, der Welt keine Angriffs-Fläche für Fragen zu bieten und zuhause zu bleiben. Schönes Wetter hin oder her. Ich will niemanden sehen. Will mich verkriechen. Fühl mich heute allein weniger einsam als unter all den Menschen. Und wenn mir nach Frischluft ist, geh ich auf den Balkon.

THAT'S IT!

> O.k. – Networking ist wichtig. Aber muss es wirklich immer und überall und von jedem sein?

Mir geht's wie Eliza Doolittle!

Vor meinen Ausflug nach Balkonien werde ich mich meiner Bügelwäsche annehmen, beschließe ich. Gehört gemacht, ist eine sinnvolle Betätigung und die "Ich-komm-vor-lauter-Arbeit-zu-nix-im-Haushalt"-Ausrede hab ich ja gerade auch nicht. Also stell ich mir das Bügelbrett vor den Fernsehapparat und betätigte mich hausfräulich. Mal unter der Woche und nicht Sonntagabend wie üblich. Neue Perspektive für mich. Im Fernsehen gibt's als Vormittagsfilm "My fair Lady" mit Audrey Hepburn. Passt!
Gehört zu meinen absoluten Lieblings-TV-Oldies! Ist ja sozusagen die Mutter aller Musicals! Und noch dazu ein hervorragender Bügelfilm.

Beschwingt von den kitschigen Ohrwürmern und den immer wieder aufs Neue amüsanten Sprachübungen gleite ich immer besser gelaunt mit dem Bügeleisen über meine Blusen.
Beim x-ten "Es grünt so grün, wenn Spaniens Blüten blühen" kommt mir die Idee erst mal auf Urlaub zu fahren. "Spanien wäre eigentlich nett", denke ich erfreut über die positive Wirkung von "My fair Lady" auf meinen Unternehmungsgeist. "Allerdings: Allein auf Urlaub fahren?", kommen mir sofort Riesenzweifel, ob das eine gute Idee ist. Fühlt sich irgendwie nach Einsamkeit und keiner-will-mich an. "Aber vielleicht findest du dir ja eine Reisebegleitung", lass ich mich, durch "Ich-hab-getanzt-heut-Nacht-die-ganze-Nacht-heut-Nacht" positiv gestimmt, nicht gleich zum Verwerfen meiner Idee verleiten. Vielmehr geh ich die Liste möglicher Urlaubs-Kompagnons durch. Die Ausbeute ist allerdings bescheiden. Da gibt's die Leute, von denen ich weiß, dass sie so kurzfristig keinen Urlaub nehmen können. Somit geistig durchgestrichen. Dann gibt's die Pärchen-Urlauber. Die ich auch mal durchstreiche. Denn drittes Rad am Wagen will ich wahrlich nicht sein. Dann gibt's die notorischen Ich-hab-kein-Geld-Urlauber. Supermarkt-Abendessen im Hotelzimmer statt Abendmenü im Restaurant bedeutet ebenso ein Streich-Ergeb-

nis. War damals Anfang zwanzig lustig und muss vielleicht aus finanzieller Knappheit mal wieder für mich lustig werden, im Augenblick gottlob aber noch nicht. Denn auch wenn ich eventuell bald stempeln gehen muss, ein bisschen Luxus kann ich mir schon noch leisten. Und dann gibt's natürlich noch die generell Mühsamen, die einen Urlaub durch ihre Art und ihr Geschwafel total vermiesen können. Die werden gleich mal geistig doppelt durchgestrichen. Bevor mit denen – lieber allein!
Und wenn ich mir die Liste so ansehe, wird es das wohl auch werden. ☹

Gut getimt und passend zu diesem nicht gerade berauschenden Urlaubsplanungs-Zwischenstand, spricht Eliza Doolittle im Fernsehen genau jene Frage aus, die ich mir unaufhörlich stelle: "Was soll denn nur aus mir werden?" Und wie ihr, sagt es mir auch niemand! Nur dass, im Unterschied zu mir, bei ihr das Happyend fix im Drehbuch steht. Allerdings: Das kennt Eliza ja beim Stellen der Frage auch noch nicht, bekommt ihre Antwort auch erst eine halbe Stunde später ;-)

> **THAT'S IT!**
> Fragen kann man sofort stellen. Die Antworten darauf gibt es allerdings oft erst zeitverzögert.

Ich hab so viele Lilis in mir

Fertig mit dem Bügeln beschließ ich mich doch anzuziehen. Auch wenn ich nicht plane, heute aus dem Haus zu gehen. "Nur nicht anfangen zu versumpern", setzt sich die "ordentliche Lili" in mir durch. Die Einwände der "Holiday-Lili" in mir ("Bitte, eigentlich ist heute ein normaler Urlaubstag. An so einem Tag kann man ruhig mal im Pyjama bleiben.") werden mit einem militärischen Appell der "Feldmarschall-Lili" ("Wehret den Anfängen!") sogleich in die Flucht geschlagen. Aber wenigstens hat keine meiner Lilis was gegen casual wear (weite weiße Hose und enges T-Shirt im girly-look) einzuwenden.

Fertig mit meinem Styling-for-discipline, dreh ich den Computer auf und ruf meine E-Mails ab. Kommt mir eigenartig vor. So als würde ich "Büro spielen" wollen. Aber der Unterschied zum Büro-Alltag ist gleich sichtbar: Es ist mittags und ich habe gerade mal 2 Mails bekommen. Im Büro hätte ich jetzt sicher schon mindestens 15.

Das erste Mail ist ein Spam-Mail mit der Info, über eine besonders günstige Geldanlagemöglichkeit. Das zweite ist von Moni.

hi lili,

soweit alles roger? kann mir gut vorstellen, wie es dir heute geht. hoffe aber trotzdem sehr, dass der change nicht allzu schmerzhaft und langwierig für dich ist. du weißt ja, ich glaub nicht, dass irgendetwas im leben ohne tieferen grund passiert und alles seinen sinn hat.

ich bin heute zwar den ganzen tag in besprechung und kann deshalb nicht telefonieren, hab aber meinen laptop mit und häng auch im netz. kann also immer wieder zwischendurch kurz mailen.
meld dich, wennst lust hast!

bussi
moni

ps: kannst ruhig länger schreiben. ist eine ur-langweilige besprechung, die mehr meine körperliche, denn meine geistige anwesenheit erfordert. kann ruhig länger lesen. nur halt nicht all zu viel tippseln, das würde vermutlich negativ auffallen und stören ;-)

Der Aufforderung mich bei Moni zu melden komm ich super-gern und auch sofort nach. Das heißt, eigentlich die Selbstmitleid-Lili in mir, die sich nun alles von der Seele schreiben will. Ist ein bisschen wie ein interaktives Tagebuchschreiben.

meine liebe moni!

tja, was soll ich dir schreiben: ein seltsames gefühl so ohne job. fühl mich irgendwie defekt. nicht vollständig. nicht gesellschaftsfähig. und total energielos. obwohl ich heute schon bei my fair lady meine wäsche gebügelt habe und auch glatt aus dem pyjama herausgefunden habe. ;-)

eliza doolittle hat übrigens ausgesprochen, was ich mir schon die längste zeit denke:
WAS BITTE SOLL NUR AUS MIR WERDEN?

meine mutter hat mich heute in der früh angerufen. wollte, dass ich am nachmittag auf den golfplatz komme. weniger, um mit ihr zu plauschen oder golf zu spielen, mehr wegen der leute in ihrem club. gibt angeblich so viele tolle wirtschaftsleute dort und - was für meine mutter ja noch viel wichtiger ist - passable schwiegersöhne.

aber wie schon gesagt, ich fühl mich nicht wirklich gesellschaftsfähig. zu viele mögliche fragen an mich. zu wenig vorhandene antworten von mir. bleib lieber zuhause.

hab mir vorhin überlegt 1 bis 2 wochen auf urlaub zu fahren. eventuell nach spanien. luftveränderung, ablenkung und einkehr. will aber nicht den jakobsweg gehen, gell. das ist mir doch zuviel der einkehr und der körperlichen anstrengung. ;-)

aber mit wem soll ich nur fahren? mir fällt niemand passender ein, der auch wollen würde oder könnte. zu blöd auch, dass ihr gerade dieses große projekt habt und nicht weg könnt. Ihr wärt ja auch das einzige pärchen, wo es mich nicht stören würde, dass dritte rad am wagen zu sein. tät's euch stören mit "ballast" zu reisen. ehrlich?!

duuu, kommt peter nicht vielleicht doch zumindest 5 tage ohne dich aus …

ach moni, wenn ich jetzt wenigstens verheiratet wäre! wär schon vieles leichter, sag ich dir. hätte so gerne eine starke schulter zum ausweinen. eine ritterliche hand, die mich gegen die böse welt beschützt. ich tu mir echt leid, sag ich dir. weiß eigentlich gar nicht, warum mich das schicksal in den letzten monaten so hart bestraft. wofür? und wie lange noch? was passiert noch alles furchtbares? und warum waren die in der kanzlei eigentlich so gemein zu mir und so unnachsichtig? einerseits bis zum schluss die belobigung eine spitzen wirtschaftsprüferin zu sein, andererseits der erwünschte und lockere verzicht auf mich.
frag mich ja, ob sie sich auch von mir getrennt hätten, wenn ich ein mann wäre? vermute fast nein. da würde sicher alles anders bewertet. männersolidarität und so.

moni, ich hab richtiggehend angst aus der bahn zu fallen. abzustürzen. in 12 wochen muss ich vielleicht stempeln gehen. kannst du dir das vorstellen? ich und am arbeitsamt? vielleicht find ich ja nie wieder einen job. wenn ich jetzt verheiratet wäre, könnt ich wenigstens hausfrau, gattin und bald vielleicht auch mutter sein. aber so?

ich frag mich ja, wie ich überhaupt zu einem neuen job kommen soll. erstens gibt es ja im augenblick nicht gerade einen wirklich großen bedarf an wirtschaftsprüferinnen. und zweitens selbst wenn es freie jobs gäbe, warum sollte mich jemand einstellen? mich, die nicht nur fehler macht, sondern diese auch noch vertuscht! wer sollte mir vertrauen?

allein der gedanke an ein vorstellungsgespräch ruft mir die schweißperlen auf die stirn. was soll ich denen sagen? und gleichzeitig bin ich jetzt schon wütend, dass mich irgendein drittklassiger steuerberater oberlehrerhaft begutachtet. und vielleicht dann auch noch ablehnt!

also du siehst: nix is roger.

bussi
lili

Erschöpft drückt die Selbstmitleid-Lili auf den Sende-Button. Aber auch erleichtert, die Gefühle nicht nur gedacht, sondern auch niedergeschrieben zu haben. Nimm mir gleich mal vor, ab jetzt allen meinen Lilis in mir – den bösen, guten, netten, frechen, traurigen und fröhlichen und welche auch immer noch in mir stecken mögen – öfter die Möglichkeit auf Aussprechen und Ausschreiben ihrer Gefühle zu geben. Nicht, dass die unangenehmen Gefühle jetzt ganz weg wären, aber sie haben ein bisschen an Schärfe verloren.

THAT'S IT!

Ich bin viele Lilis. Und alle haben ein Recht darauf ihre Gefühle und Wünsche zum Ausdruck zu bringen!

Kneippkur statt Seelenmassage

So entschärft meine Gefühle sind, so scharf kommen eine Stunde später Monis Antwort-Worte:

liebe lili,

du weißt, wie lieb ich dich hab und wie sehr ich dir wünsche, dass du ein glückliches und erfülltes leben führst. aber in deiner augenblicklichen welt ist das sicher nicht möglich. wenn du so leidend wie in den letzten wochen – ja fast schon monaten – weitertust, wirst ganz sicher von einem dilemma ins nächste fallen. das seh ich schon kommen. vor lauter negativ wirst weiter negatives anziehen. um das vorherzusehen, brauch ich wahrlich kein großer prophet sein.

deshalb jetzt hier laut und in aller wertschätzenden schärfe:
HÖR ENDLICH MIT DEM SELBSTMITLEID AUF!!!!!!!!!!!!!!!!!!!!!! und auch mit diesem elenden cocooning. RAUS MIT DIR!!!!!!!!!!!!!

tu lieber was produktives, als dir leid zu tun! o.k., du hast grad nicht den besten lauf. aber das kommt nun mal bei jedem menschen vor. und komm mir jetzt ja nicht damit, als mann wärst du sicher nicht vor die tür gesetzt worden. erinnerst du dich wie sich der ehemalige partner von peter getrennt hat? mit rechtsanwaltsschreiben!! peter musste von einem tag auf den anderen das büro räumen. und peter war damals schon partner, gell!
vielleicht wär das überhaupt mal eine gute idee, wenn du dich mit peter triffst. hat ja so was ähnliches wie du erlebt und durchgemacht. wäre jedenfalls produktiver, als jammernd auf den märchenprinzen zu warten, der dich schwängert und versorgt!

fühl dich wachgerüttelt und
umarmt
bussi
moni

ps: ad urlaub: sorry, kann wirklich nicht weg zur zeit. aber wenn du einkehr halten willst, wär ein urlaub allein vielleicht ohnedies besser. frag mal caro, die war mal allein in so einem einkehr-wellness-hotel. hat ihr, soviel ich weiß, sehr gut gefallen und auch gut getan. das wär vielleicht was für dich.

Ist nicht gerade die Seelenmassage, die ich mir von Moni erhofft habe. Erinnert eher an eine Kneippkur. Neben warmen Zuneigungsbezeugungen eiskalte Vorwürfe.

Beleidigt geh ich in die Küche mir eine Tiefkühl-Pizza heiß machen. Wie vor den Fernseher setz ich mich vors Backrohr und beobachte das Auftauen und Braunwerden der Pizza. 20 Minuten – geb mir sozusagen das volle Programm. Gibt sicher Abwechslungsreicheres, aber für meine augenblickliche Schmollphase ist es ganz passend. Und so uninteressant ist es eigentlich gar nicht zu beobachten, wie sich so eine Speise von kalt und hart in warm und weich verwandelt.

"Eigentlich eine gute Metapher auf mich", schießt mir so beim Pizza-Watching ein. "Ein heimeliger Ort – a la Backofen oder Wohnung – gibt Wärme und bringt das Eis zum Schmelzen. Und nach einiger Zeit kommt ein schönes, warmes, aufgegangenes Etwas heraus."

Das letzte Adjektiv schreckt mich allerdings auf. Im Geist erscheine ich mir mit 100 Kilo Lebendgewicht und einer Pizza in der Hand vor dem Fernseher liegend. Ein grauenvoller, deprimierender Anblick. Und während ich unlustig die Pizza beknabbere, beschließe ich Moni nicht mehr böse zu sein, sondern vielleicht wirklich mal mit Peter über das Job-wechseln-müssen-Syndrom zu plauschen. Und Caro auch gleich mal wegen des Einkehr-Urlaubs anzumailen.

Außerdem stell ich mich vor meinen großen Wandspiegel und betrachte kritisch meine Figur. Im Grundsätzlichen eigentlich o.k., stell ich erleichtert fest. Maximal zwei Kilo zuviel – jedenfalls aber gottlob weit entfernt von meiner Pizza-Wahnvorstellung.

Für manche Menschen ist Frust der Sprit für ihre Umsetzungskraft.
Für andere – wie für mich – die Neugierde und die Lust auf Überraschung.
Wichtig find ich nur, dass man die für sich optimale Energie-Tankstelle kennt.
Mag. Susanne Pauser/Journalistin und Bestsellerbuch-Autorin

THAT'S IT!

Visualisieren von Situationen und Lebenslagen kann sehr aktivierend wirken.

Und was ist Ihr "That's it" zum Thema dieses Kapitels?

Guten Morgen! Weiter geht's mit leben!

Ich sitze auf dem Balkon meines Hotel-Zimmers. Genieße die abendlichen Sonnenstrahlen. Morgen geht's nach einer Woche Entschlackung und Einkehr in der Steiermark wieder nach Hause. Genieße deshalb nochmals besonders die Ruhe, die diesen Ort inmitten von nichts als Natur umgibt. Kein Verkehr, kein Radio, kein Fernsehen, kein Mobiltelefon, kein lautes Reden. Eine komplett neue Erfahrung für mich Urban-Girl. Als mir Caro ihren Aufenthalt hier beschrieben hat, habe ich spontan gedacht: "Uuh, das klingt aber arg nach Depression, so sieben Tage ganz ohne die technischen Errungenschaften des 20. Jahrhunderts. Und das auch noch auf ständig nüchternen Magen. Ich glaub, diese Erfahrung lass ich aus."

Caro hat mir aber auch von ihren persönlichen Erkenntnissen aus dieser Woche erzählt. Und die positiven Veränderungen, die sie danach für sich eingeleitet hat, haben mich dann doch überzeugt, dass dieser ungewöhnliche Urlaub gerade jetzt wohl das Richtige für mich wäre.

Ihre Schilderungen haben mir wieder ins Gedächtnis gerufen, wie die Zeit mit Caro vor ihrer "Einkehr" war. Sie war damals mit einem verheiratet Mann liiert. War total verknallt in den Typen. Er hat ja auch wirklich sehr gut ausgesehen. Er hat sie aber eigentlich nur als bessere Nutte gebraucht. Hat sie hingehalten und sich dann doch nie scheiden lassen. War nie wirklich für sie da, wollte aber, dass Caro abrufbereit war, wenn er Zeit hatte. Das hat ihr damals ziemliche Schwierigkeiten im Job gemacht. Sie hat für ihn sogar Termine vorgeschoben, die sie nie hatte, und hat sich ständig freigenommen oder eine auf krank gemacht. Und wir Freunde waren damals auch ganz schön sauer auf sie. Fühlten uns absolut minderwertig und zweitrangig. Denn egal, was wir unternahmen und worum wir sie baten – wenn Ralf angerufen hat, waren wir Luft und Termine mit uns vergessen. Als Ralfs Frau dann ihr drittes Kind bekam, wurde es aber selbst Caro zuviel. Laut Caro hatte sie jedoch erst nach dieser Woche der totalen Ruhe und Selbsthinterfragung die Kraft, sich von Ralf zu trennen.

Ich hab zwar im Augenblick ganz und gar keinen Trennungsbedarf, sondern gerade genau den gegenteiligen Wunsch, aber doch ganz arg viele offene Fragen in mir. Und vor allem brauche ich positive Kraft. Positive, aktivierende Kraft, um diesen ganzen Veränderungswahnsinn auf die Reihe zu bekommen und in absehbarer Zeit auch Antworten auf meine Fragen zu finden. Und die positive Kraft konnte ich hier wirklich sammeln. Sicher, so abgeschieden vom Rest der Welt lässt sich das leicht fühlen – zeigen wird es sich natürlich erst im Alltag, wie ich es umsetzten kann. Aber ich bin guter Dinge. Und das ist ja schon mal ein erster wichtiger Schritt. ;-)

Eine Erkenntnis der letzten Tage hat mich besonders beschäftigt: Wie befriedigend qualitativ hochwertige Kontakte mit Menschen für mich sind und wie unbefriedigend manche meiner Freundschafts-Beziehungen. Das ist mir nach einem Gespräch mit einem sehr netten älteren "Mit-Einkehrer" bewusst geworden. "Wissen Sie", hat er während eines Spaziergangs zu mir gesagt, "ich mag Menschen sehr gerne. Lerne gerne neue Leute kennen und erweitere immer wieder meinen Bekanntenkreis. Das hält mich jung und aktiv. Ich schätze es, die Unterschiedlichkeiten und Launenhaftigkeiten zu erforschen. Von einer Art Mensch distanziere ich mich aber bewusst. Von jener nämlich, für die ich nur eine Marionetten-Funktion habe: zuhören, brav nicken und dann wieder gehen. Solche Beziehungen haben keinen Wert mehr für mich. Dafür ist mir meine Zeit zu schade. Hab ja mit meinen 72 Jahren auch nicht mehr soviel davon, dass ich sie leichtfertig vergeuden sollte."

Ich hab nach dem Spaziergang noch lange über diesen Marionetten-Vergleich nachgedacht. Ist wirklich total treffend. Mir fallen plötzlich viele Abendessen und Treffen mit Geschäftspartnern, Kollegen, aber auch so genannten Freunden ein, wo mir die Rolle des Auditoriums, des Zu-Jublers oder des Animateurs zugeteilt war. Sehr unbefriedigend. Zumindest jetzt fühlt sich das nicht mehr gut an. "Vielleicht hat es ja damals gepasst – heute passt es mir jedenfalls nicht mehr", gestehe ich mir ein und nehme mir deshalb vor, bereits mit 34 mit meiner Zeit bewusster umzugehen. Und im Zweifel auch auf manche Gesellschaft zu verzichten. Mein neues Beziehungs-Motto: Qualität vor Quantität.

> THAT'S IT!
>
> Austausch mit anderen Menschen: JA BITTE! – Degradierung zur Marionette: NEIN DANKE!

Was ist richtig? Was ist falsch?

Drei Tage später sitze ich wieder in der Sonne. Aber diesmal nicht allein, sondern mit Monis Mann Peter. Und auch nicht inmitten der ruhigen Natur sondern in einem lauten Kaffeehaus-Schanigarten. Mittlerweile habe ich mich wieder an den Stadt-Lärm gewöhnt. Die ersten Stunden nach meiner Rückkehr aus der Steiermark waren wirklich arg. Dachte schon, ich müsste ab jetzt einen Gehörschutz tragen. Denn so unangenehm mir während der ersten Zeit der Einkehr-Woche die totale Ruhe war, so sehr habe ich mich an sie gewöhnt und sie schätzen gelernt. Auch wenn ich zweifelsfrei unverändert eine City-Person bin. Eine, die auch weiterhin Cappuccino und Tiramisu ungeschaut den Vorzug gibt vor Kräutertee und Basensuppe!

Peter ist ein überaus dynamischer Mann. Wo er auftritt, ist Energie. Er wirkt wie ein Fels in der Brandung. Ein Typ, den nichts umhauen kann. Ein Macher. Ein Umsetzer. Was er sich in den Kopf setzt, zieht er durch. Er wirkt sehr gegensätzlich zu Moni. Allein schon äußerlich. Peter ist sehr groß, dunkelhaarig und zieht sich ziemlich hip an – hat viele Teile von Cavalli. Moni dagegen ist ganz hellblond, klein und eher mollig. Und statt hip würde ich ihren Kleidungsstil klassisch bezeichnen. Beide lachen viel. Aber Peter redet unendlich viel mehr und schneller als Moni.

Ich habe mich lange gescheut, Peter anzurufen und zu treffen. Hatte Sorge, dass er mich für eine totale Versagerin hält. Hatte auch Angst von seiner Energie überfahren zu werden, war mir nicht sicher, ob ich einen so energievollen Menschen im Augenblick aushalte. Und ich konnte mir ehrlich gesagt auch gar nicht vorstellen, dass er mich auch nur ansatzweise verstehen könnte. Er hat ja immer alles im Griff. Scheint sich seiner und seines Handelns immer sicher. Dachte mir, dass ich für ihn wohl wie eine verweichlichte Oberzicke wirke, der jede Eigenschaft für den Erfolg fehlt.

Peter lacht laut auf, als ich ihm von meinen Befürchtungen erzähle: "Schau, da siehst du schon, was ich für ein unwissender Mensch bin: Ich kenne ja nicht mal etwaig existierende Erfolgs-Eigenschaften. Glaub allerdings fast, dass es gar keine fixen Erfolgs-Eigenschaften gibt. Ich frage mich ja schon seit Jahren, was Erfolg eigentlich überhaupt ist. Meines Erachtens gibt es für die Hauptwörter 'Erfolg' und 'Misserfolg' genauso wenig verbindliche Kriterien wie für die Adjektive 'richtig' und 'falsch'."

"Interessante Sicht der Dinge", antworte ich verblüfft, "vor allem, wo du doch Diplomingenieur und ein begnadeter Mathematiker bist. Das klingt ja eher philosophisch denn naturwissenschaftlich."

"Tja, Moni, ich bin halt eine vielschichtige Persönlichkeit, wenn auch leider nicht so genial wie mein Vorbild Leonardo da Vinci", grinst mich Peter spitzbübisch an. Und redet sich dabei richtig in Fahrt: "Dass es solche verbindlichen richtig-falsch-Kriterien gibt, will uns die Wissenschaft zwar manchmal weis machen, aber die widersprechen sich ja selbst regelmäßig, wenn sie neue Dinge entdecken und die bisherigen Theorien und Berechnungen verwerfen müssen. Und nur weil bis dato niemand widerlegt hat, dass zwei mal zwei vier ist, orientieren wir unser gesamtes Leben an mathematischen richtig-falsch-Vorstellungen. Find ich eigentlich eine schwache Leistung. Wobei, einfacher wäre das Leben vermutlich schon mit klaren Richtlinien, aber auch verdammt eintöniger."
Und als ob er einen Stempel unter sein Gesagtes setzten wollte, schiebt er ruckartig seine in den Haaren steckende Sonnenbrille vom Kopf auf die Nase.

THAT'S IT!

Es gibt keine verbindlichen Kriterien für "richtig" und "falsch".

Kann man Gefühle verändern?

"Irgendwie wäre eintönige Routine aber im Augenblick für mich wohl genau das Passende", sehne ich mich nach meiner geregelten Vergangenheit. Ich wünsche mir Richtlinien, die mir eindeutig zeigen, wo es lang geht. Ich fühle mich zur Zeit nämlich wie ein kleines Mädchen, das an der Kreuzung steht und wartet, bis es grün wird, um dann sicher an der Hand eines großen Beschützers über die Straße geführt zu werden. Und der Beschützer soll mir bitte dabei genau erklären, wie man die Lebens-Straßen-Kreuzungen sicher bewältigt und solche schlimmen Unfälle, wie ich sie zuletzt hatte, vermeidet. Wünsche mir sozusagen eine Nachschulung in Lebens-Verkehrs-Erziehung.

"Genialer Vergleich", amüsiert sich Peter. "Als kleines hilfloses Mädchen hab ich dich in all den Jahren, die wir uns nun schon kennen, noch nie erlebt. Interessant, was so Karriere-Einbrüche in einem frei setzen können. Bei mir war es ja damals eine ungeheure Wut, die mich zum Handeln getrieben hat. Ohne viel und lang strategisch zu überlegen, was ich jetzt tun könnte und sollte, hab ich einfach mein Büro aufgemacht. Das genaue Gegenteil von deinem Wunsch eigentlich. Ich wollte der ganzen Welt und insbesondere meinem ehemaligen Partner zeigen, dass ich es auch ganz alleine schaffe. Absolut niemanden – und schon gar nicht ihn – brauche."

Peter hat damals wirklich innerhalb von einem Monat ein neues Büro aufgezogen. Hat seine Sekretärin und seinen Assistenten aus dem alten Büro abgeworben. Und zu dritt haben sie sozusagen auf der grünen Wiese mit einem neuen Architekturbüro begonnen. Nicht wissend wie viele und ob überhaupt einer der Groß-Kunden mit ihm wechseln wird. Und anfangs sah es auch so aus, als ob alle dem doch schon älteren und renommierteren Ex-Partner treu blieben. Hat einige Zeit benötigt, bis er wieder einen Kundenstock und Aufträge hatte. Aber aus der Vergangenheit betrachtet, hat sich Peter wahnsinnig schnell etabliert.

Dabei fällt mir ein, dass ich mir mal von einem dänischen Philosophen einen dazu absolut passenden Spruch aufgeschrieben habe. Ich hol meinen Filofax aus der Tasche und schlag meine "Sprüche"-Rubrik auf. Notiere mir nämlich seit vielen Jahren immer wieder mich beeindruckende Sprüche und schlaue Sätze von klugen Menschen. Taugen mir sehr. Bin auch immer total fasziniert, wenn jemand so Weisheiten zitiert und in ein Gespräch einwerfen kann. Ich merke mir die meisten Zitate leider immer nur so ungefähr. Kann also selten eine historische Klugheit loswerden. Wäre oft eine zu hohe Blamagegefahr! Da lass ich es lieber, bevor ich falsch zitiere und von meinem Gesprächspartner dann vielleicht auch noch korrigiert werde. Werde ja schon allein bei der Vorstellung dieser Peinlichkeit rot. Aber durch das Aufschreiben hab ich so eine kleine Sprüchesammlung wenigstens zum Nachschlagen bei mir.

Ich hab auch schnell gefunden wonach ich gesucht habe, und halte es Peter mit den Worten "Gell, so war's bei dir auch? Du siehst das auch so?" unter die Nase.

Das Leben kann nur in der Schau nach rückwärts verstanden werden, aber nur in der Schau nach vorwärts gelebt.
Soren Kierkegaard, dänischer Philosoph

Peter nickt zustimmend: "Weißt du Lili, an diesem Schock-Abend, wo ich das Büro so plötzlich verlassen musste, war ich auch wie versteinert und ziemlich unflexibel im Denken. Mein Sinn stand mir nur nach Rache. Ein wahnsinnig unangenehmes und gefährliches Gefühl. Aber schon in der gleichen Nacht hab ich mir gedacht: Peter, jammere nicht, tu was. Irgendwann wirst du schon den Sinn hinter dem Ganzen begreifen. Und in der Früh fing ich dann gleich an, meine berufliche Zukunft neu zu konzipieren."

Ich bin total erstaunt über Peters Offenheit. Sicher, wir kennen uns schon eine ganze Weile, aber emotional tiefer gehende Gespräche führe ich immer nur mit Moni. Mit Peter spreche ich das erste Mal in dieser Weise.

"Aber hattest du keine Sorge, was Falsches zu machen. Dein weiteres Leben schlecht zu planen? So auf die Schnelle und von Gefühlen geleitet Fehler zu machen?", werfe ich zweifelnd und neidisch ob soviel Selbstbewusstsein ein. Peter schüttelt den Kopf: "Nein. Sicher, es gibt immer hundert Gründe, nichts zu tun. Und sich nur mehr aufs Leidtun zu beschränken. Aber das wäre keine Alternative für mich. Da mach ich lieber Fehler. Ich will keines dieser furchtbar leeren Leben führen. Du etwa?", stellt Peter mir die Gegenfrage.

"Nein, natürlich nicht.", schieße ich wie aus der Pistole. Wobei ich mir nicht sicher bin, ob ich weiß, was Peter mit einem leeren Leben meint. Und ich frage mich, ob es denn überhaupt für "ein leeres Leben" bzw. für "ein volles Leben" verbindliche Kriterien gibt. Peter gibt mir und meinem Einwurf Recht – schmunzelnd, dass ich ihn bei seiner Gedanken-Inkonsequenz ertappt habe. Tja, auch Peter ist nicht gefeit, persönliche Wertvorstellungen für die ganze Welt verbindlich anzusehen. Obwohl es vermutlich nicht zwei Menschen auf dieser Welt gibt, die die gleiche Vorstellung von einem leeren und einem vollen Leben haben ... Ich bin fast ein bisschen froh, auf diese kleine Ambivalenz in Peters Denke gestoßen zu sein.

Macht uns wieder mehr zu gleichwertigen Gesprächspartnern, finde ich. ;-) Geniere mich zwar ein bisschen für mein spöttisches Grinsen, das ich – stolz auf meine kluge Hinterfragung und "Aufdeckung" – aufsetze. Aber wirklich nur ein bisschen. Denn eigentlich bin ich super-froh, wieder einen Hauch der selbstbewusst-kritisch-hinterfragenden Lili in mir zu spüren.

"Ich jedenfalls", erklärt mir Peter – unbeirrt von meinem Grinser und selbst schmunzelnd – seine Definition von einem leeren Leben, "will mit 80 nicht zurückblicken und feststellen, dass mir nichts geblieben ist außer einfallsreiche Gründe dafür, warum mein Leben nicht besser abgelaufen ist."

Es war auch genau diese Überlegung, die Peter vor 5 Jahren motiviert hat, bereits einen Tag nach der Trennung von seinem Partner seine neue Zukunft in Angriff zu nehmen. Und sich statt mit negativen Gefühlen zu schädigen, bald wieder erfolgreich zu fühlen. Peter strahlt jetzt richtig beim Kramen in seiner Vergangenheitskiste: "Mein rasches Neu-Orientieren und Handeln hat auch sehr rasch mein Fühlen verändert. Ich hatte keine Zeit mehr, mich mit Rache aufzuhalten. Ich investierte ab sofort meine Zeit ins Planen, Umsetzen und Freuen über kleine Zwischenerfolge. Und natürlich auch mit Jammern über die kleinen oder großen Ärgernisse des Alltages. Aber das war nie ein wirklich verzagtes Jammern. Wütend war ich zwar schon noch lange. Aber die Rache-Gelüste waren weg!"

Und obwohl Peter optisch nicht mein Typ ist, bewundere ich diese Selbsterkenntnis- und Selbstbeherrschungs-Fähigkeit. "Ein toller Mann", denke ich beim letzten Schluck Cappuccino.

THAT'S IT!

Aktivität kann Gefühle verändern.

Ist "Angst" ein Risiko?

Ich schwanke zwischen Bewunderung für Peter und Sorge über mich. Sorge davor, fehlerhaft zu handeln. Mich für das falsche Tun zu entscheiden. "Hattest du denn wirklich während dieser ganzen Neu-Orientierungsphase gar keine Angst zu scheitern? Sorge um deine Existenz gehabt? Furcht auch noch deinen letzten Rest an Anerkennung zu verlieren?", frage ich nochmals nach. Im Innersten hoffend,

Peter würde mir bestätigen, dass auch er – so wie ich jetzt – Wochen benötigt habe, um sich wieder in den Griff zu bekommen. Aber Peter antwortet mir auf meine Fragen mit einem seiner Lebensleitsprüche – einem Zitat seines großen Idols Leonardo da Vinci: Das größte Risiko geht der ein, der kein Risiko eingeht.

Vermutlich haben da Vinci und Peter ja Recht. Und bis vor kurzem hätte auch mein Diskussionsbeitrag ähnlich tough gelautet: Wer nicht wagt, der nicht gewinnt!

Aber die Ereignisse und Veränderungen der letzten Wochen haben echt verdammt stark an meinem Selbstbewusstsein genagt und meine Ängstlichkeit gepuscht. "Ich habe fast so was wie ein Fehler-Phobie, kommt mir vor", erkläre ich Peter, "totale Panik was falsch zu machen. Beruflich und privat in eine falsche Richtung zu laufen. Wobei ich ja nicht mal weiß, was eigentlich nun die richtige Richtung wäre."

Peter zieht nachdenklich an seiner Zigarette und bläst dann den Rauch in Form von Ringen aus. Dass Raucher das können, fasziniert mich seit meiner Kindheit. Das wäre der einzige Grund, weshalb ich mir vorstellen könnte, mit dem Rauchen zu beginnen. Nur um das zu lernen. Sonst ekelt mir ja richtig arg vorm Rauchen. Hab als Teenager nach meiner ersten Zigarette ziemlich kotzen müssen. Ob es wirklich die Zigarette war oder einfach eine Magenverstimmung, ist nie herausgekommen. Aber seit damals war das Rauchen für mich absolut kein Thema mehr. Egal, wie schick man auch mit einer Zigarette zwischen den Fingern aussehen kann, null Interesse auf einen zweiten Versuch. Nur das verschiedenartige Rauchausblasen find ich faszinierend – ja sogar etwas erotisch. Sigmund Freud hätte an dieser Erkenntnis wohl seine reine Freude und jede Menge Interpretationen. Aber der Erotik-Faktor ist für mich kein sehr hoher bzw. lang anhaltender. Denn den Mundgeruch nach Rauch find ich wiederum super-extra-abturnend. Und scheinbar hab ich diese Missgunst gegenüber Raucher-Atem auch immer ausgestrahlt – kann mich an keinen Verehrer von mir erinnern, der geraucht hätte. Bei der vorherrschenden Raucherdichte eigentlich erstaunlich.

Peters "Ich denke, die Angst ist fast immer dramatischer als die Realität", reißt mich aus meiner geistigen Rauch-Abhandlung. Wobei das Thema Rauchen ja auch wieder ein sehr treffendes Beispiel für meine Risiko-Scheuheit ist: Kein zweiter

Rauch-Versuch! Obwohl nicht mal gesichert ist, dass Nikotin der Brechauslöser war. Aber es ist ja eh sehr vernünftig von mir nicht zu rauchen, denn ich reduziere mir dadurch das Lungenkrebs-Risiko, bin ich mit meiner Prinzipien-Treue gleich wieder sehr zufrieden. "Lili, darum geht's ja gar nicht", meldet sich bei diesen Gefahr-Vermeidungs-Gedanken meine Lebensfreude-Lili in mir. "Es geht um Genuss und Mut was auszuprobieren!" Und die Freigeist-Lili in mir ergänzend rebellisch: "Und bitte, hör endlich auf, dich vor dir selbst immer zu rechtfertigen. Jedes Ding hat nun mal mehrere Seiten. Aber viele interessante Seiten bleiben einem vielleicht verborgen, wenn man nie ein Risiko eingehen will."

THAT'S IT!

Das größte Risiko geht der ein, der kein Risiko eingeht.

Jipii – ich spür Energie in mir! ☺

Zuhause angekommen, fühl ich mich ziemlich energetisiert von dem Treffen mit Peter. Bin sehr froh, dass ich mich zu dem Gespräch entschlossen habe. Nach dem Einkehr-Urlaub schon meine zweite Aktivität in Richtung "Zukunfts-Gestaltung". Find ich sehr erfreulich. Und weil alle guten Dinge drei sind, mail ich auch gleich mal Klara zwecks Coaching-Stunden an.

Liebe Klara,

ich muss – und ich will! – mich und mein Leben neu positionieren. Weiß aber nicht wie! Da schaust du jetzt sicher überrascht! Ist aber in der Tat so. Mein Lebenskonzept passt nicht mehr. Und ich glaub, ich will es nicht nur anpassen, sondern will die Chance nützen und es gleich neu-schreiben.

Bin auch schon fleißig am überlegen und Erkenntnisse sammeln. Brauch aber eindeutig einen professionellen Sparring-Partner zum Reflektieren und auch für die Psychohygiene. Und zum Händchenhalten, wenn ich über meine eigene Courage erschrecke. ;-))

Denn, auch wenn ich jetzt grad sehr guter Dinge bin, ich spür, das nächste Mental-Loch wartet schon auf mich ... Find ja z. B. schon keine Antworten auf meine zwei Haupt-Fragen: Was will ich eigentlich? Was ist für mich sinnvoll?

Hoffe, du hast bald zwei Stunden für mich frei!

Liebe Grüße
Lili

Richtiggehend berauscht, soviel Energie in mir zu spüren, schick ich gleich nach absenden des E-Mails an Klara ein Danke-SMS an Moni. Sie soll nicht immer nur die Jammer-Lili mitbekommen, sondern auch mal wieder was Positives von mir hören bzw. lesen:
WAR EIN SUPER TIPP MIT PETER ZU REDEN. VIELEN DANK. IST EIN TOLLER MANN. FREU MICH FÜR DICH, DASS DU IHN HAST. B-L

Moni anwortet mir umgehend auf mein SMS. Und schickt mir mit ihrer Antwort gleich noch eine weitere Tranche positive Energie.
THNX! BIN AUCH ULTRA-FROH ÜBER PETER! EBENSO WIE ÜBER DICH. BIN ECHT EIN GLÜCKSPILZ ☺ B-M

Zufrieden, wie schon lange nicht mehr, lege ich mich heute schlafen. Keine Ahnung, warum ich so zufrieden bin. Weder hab ich mein altes, geordnetes Leben zurück, noch einen neuen Job, nicht mal einen neuen in Aussicht. Und verliebt bin ich auch nicht. Aber es war ein guter Tag. Es war überhaupt eine gute Woche. Ich hab mich überwunden, raus zu kommen aus meinem Mauseloch. Diese Selbstüberwindung befriedigt mich sehr. Und es hat sich wahrlich ausgezahlt: Ich hab so positive Menschen getroffen und so tolle Denkanstöße durch sie bekommen. Und habe dadurch wieder meine Energie gefunden. Nein, besser sogar: Ich habe neue Energie bekommen! Energie, die mich neugierig macht auf mein neues Leben. Und freudig erregt beim Gedanken an die Umsetzung.
Die mir Kraft gibt, "tschüss" zu meiner Vergangenheit und einigen ihrer Werte zu sagen. Die meinen Augen und meinem Geist Stoff gibt zu sehen, wie bunt die Welt ist und wie vielfältige Zugänge und Möglichkeiten es für ein "volles" Leben ;-) gibt.

"Vielleicht haben all die Ereignisse und Erlebnisse und Tiefschläge der letzten Wochen ja wirklich einen tieferen Sinn gehabt. Vielleicht ist es für mich wirklich wichtig, auch mal zu sehen, dass es eine ganz andere Welt gibt als die Welt der Kanzlei BGAG. Ganz andere Denk-Varianten und Lebens-Konzepte als meine bisherigen.", lautet meine zusammenfassende Tages-Erkenntnis, bevor ich – mit mir eins und im Reinen wie schon lange nicht mehr – einschlafe.

Durch die Leidenschaft lebt der Mensch,
durch die Vernunft existiert er bloß.
Konrad Adenauer/deutscher Politiker/
erster Bundeskanzler der Bundesrepublik Deutschland

THAT'S IT!

Wo positive Lebens-Energie ist, fließt positive Lebens-Energie zu. Ist so wie mit den Tauben. ;-)

Und was ist Ihr "That's it" zum Thema dieses Kapitels?

You have a dream? Just do it!

Fünf Tage später sitze ich Klara gegenüber. Hab meine erste Coaching-Session auf dem Weg ins neue Leben. Ausführlich erzähle ich ihr meine letzten Wochen, meine Erlebnisse, meine Gefühle und meine Reflexionen. Sie hört zu und macht sich hin- und wieder Notizen. Aber hauptsächlich hört sie mir interessiert und aufnehmend zu. Ich schätze das sehr. Obwohl ich mich wundere, dass sie mir bisher noch keine einzige kleine Zwischenfrage gestellt hat. Das irritiert mich nach 15 Minuten ohne Frage von ihr sogar ein bisschen. Denn Klaras Zwischenfragen schätze ich noch mehr, als ihr Zuhören.

Ich mag Klaras Coaching-Räume. Sie sind hell und freundlich. Nicht sehr groß. Mit einem schönen Ausblick auf eine bunt bepflanzte Terrasse. Am liebsten sitz ich auf den Korbsesseln in der Kochnische. Sie sind bequem, haben eine angenehme Lehne zum Aufstützen und angenehme fest-weiche Polster – also keine so schlapprigen Teile, die ständig verrutschen oder so dünn sind, dass man jeden Strohhalm spürt. Ich fühl mich, wenn ich auf diesen Sesseln sitze, geborgen und gut aufgehoben.

Kann mich noch erinnern, als ich das erste Mal zu Klara kam. War damals ziemlich unsicher. Hatte keine wirkliche Vorstellung davon, was mich erwartet und noch weniger davon, was ich von Klara erwartete. Ich war neugierig und gleichzeitig sorgenvoll, ob ich eh "Herr meiner fünf Sinne" bleiben würde. Aber ich fühlte mich von Anfang an wohl. Fast so wie in einem Wellness-Center. Obwohl ich weder in Bade- noch in Turnsachen sondern im Business-Kostümchen da saß. Als ich Klara meine Assoziation erzählte, lachte sie und meinte: "Schön, dass Sie das so fühlen. Ich selbst definiere mich nämlich auch als Mind Spa. Als Ort, wo man seine Gefühle und Gedanken ein bisschen auf Vordermann bringen kann, sich für den Alltag fit machen und vor allem fit halten. Die Gedanken und Gefühle funktionieren ja wie Muskeln. Sie müssen genauso gefordert und entspannt werden, um in Form zu bleiben und um uns attraktiv, belastbar und gesund zu erhalten. Um zu funktionieren und optimale Leistungen – sprich Ideen und Umsetzungen – zu liefern. Mind-Training ist zwar noch nicht so populär wie Muskel-Training, aber um nichts weniger sinnvoll und nützlich."

Hat sich viel getan in meinem Leben seit dieser ersten Begegnung. Und Klara war bei etlichen Schritten dabei. Aber keine Schritte, keine Entscheidungen, für die ich ihre Denkanstöße haben wollte, waren auch nur annähernd so einschneidend, so komplex, so offen wie meine derzeitige Lebens-Situation. Und noch nie kam ich mit so wenig Selbstbewusstsein wie heute zu Klara. Denke, nach meinen beiden Unfällen – Ehe-Sturz und Berufs-Crash – sind vor allem meine Selbstbewusstseins- und Orientierungs-Muskeln arg verletzt und schlaff geworden.

> **THAT'S IT!**
> Gefühle und Gedanken sind wie Muskeln. Sie gehören bewegt und entspannt, um flexibel und fit zu bleiben.

Will ich vulgär sein?

Klara sitzt mir gegenüber und schaut mich an. Freundlich und ruhig. Und nachdem ich ihr nun ausführlich meine letzten Wochen erzählt habe, holt sie mich in die Gegenwart. Ihr "Wie geht's dir jetzt? Was für ein Thema gehen wir heute an?" löst in mir gleich mal die ersten Widersprüche aus.

Ich: Also, eigentlich geht's mir jetzt und generell zur Zeit gar nicht so schlecht.

Klara: Eigentlich oder wirklich?

Ich (lachend): Schon wieder erwischt, gell. Aber eigentlich ist in dem Fall wirklich passend. Es erklärt meine Gefühle sehr treffend.

Klara: Was für Gefühle?

Ich: Meine zwiespältigen. Fühl mich seit einigen Tagen zwar nicht mehr so energielos wie die Wochen davor. Und das fühlt sich auch wirklich sehr gut an. Aber andererseits fühl ich mich schon auch sehr unsicher und unwissend. Das fühlt sich wiederum ganz und gar nicht gut an.

Klara: Was würdest du denn gerne wissen?

Ich: Meine Zukunft. Meine Ziele. Was ich wirklich will. Mein altes Lebenskonzept hat nicht funktioniert. Oder sagen wir mal, es hat sich überlebt und hat ausgedient – weil eine Zeitlang hat es ja schon sehr gut gepasst und funktioniert. Gut – ist vorbei. Denn, dass dieses Lebenskonzept nun Vergangenheit ist, kann ich auch schon akzeptieren. Ist mir zwar schwer gefallen, aber ich spür jetzt schon, dass ich weitergehen will. Aber so wirklich komm ich dann doch wieder nicht aus dem Jammer-Tal raus. Oder besser gesagt, ich rutsch immer wieder ein bisschen rein. Nicht mehr so tief, aber doch.

Klara: Was könnte dich vor diesem Reinrutschen bewahren?

Ich: Jemand der mich aufhält. Der mich rauszieht. Der mich an der Hand nimmt und mit mir gemeinsam loszieht.

Klara: Und wer könnte das sein?

Ich: Einerseits jemand wie Günter Waldmann. Der stark und gefestigt ist. Der alles fest im Griff hat. Aber auch jemand luftiger, lustiger, der mir zeigt, wie man auch auf leichtere Art das Leben nehmen kann. Vielleicht würde ich mich zur Zeit sogar mehr nach so jemanden sehnen. Ein bisschen so ein Typ wie diese Lucia Böhm, von der ich dir schon mal berichtet habe. Diese Steuerberaterin, mit der ich gemeinsam ein Projekt hatte. Komisch, dass mir die jetzt einfällt.

Klara: Würdest du mit ihr gerne zusammenarbeiten oder würdest du mit ihr gerne befreundet sein? Oder beides?

Ich (überlegend und dabei die vom Wind gebeutelten Blumen auf der Terrasse betrachtend): Tja, ich weiß nicht recht. Sie ist mir ja als Person gar nicht so angenehm gewesen – zu vulgär. Und jetzt fällt sie mir plötzlich ein als geeignete Helferin aus dem Jammertal. Eigenartig.

Klara: Wärst du gerne vulgär?

Ich (erschrocken aufblickend): Nein, natürlich nicht.

Klara: Was ist das Schlechte am vulgär sein?

Ich: Weiß nicht genau. Vielleicht die Blicke und Gedanken der Menschen, denen man begegnet?

Klara: Kannst du mir diese Blicke und Gedanken beschreiben? Wie schauen die Menschen eine vulgäre Person an? Was denkst du, dass sie über dich denken würden, wenn du vulgär wärst?

Ich: Die Blicke sind irgendwie respektlos und amüsiert. Denken würden Sie sich, dass außer Sex wohl nichts in meinem Hirn ist.

Klara: Trifft das auf Lucia Böhm zu. Siehst du sie so an und denkst du das von ihr?

Ich: Nein. Und auch wieder ja. Also ich denke nicht, dass sie nichts im Hirn hat. Ganz im Gegenteil. Die ist schon schlau. Dass ihr Sex wichtig ist, denke ich aber schon auch. Und dass sie dabei Spaß hat auch. Aber das find ich ja schwer o.k. Da bin ich maximal ein bisschen neidisch dass ich das in letzter Zeit nicht auch habe.

Klara: Und wie hast du sie angesehen? Respektlos? Amüsiert?

Ich: Also beim letzten Treffen sogar eher sehr respektvoll. Da hat sie mich mit ihren ganzen Promi-Gschichtln schon irgendwie beeindruckt. Amüsiert hat sie mich jedenfalls. Wobei ich amüsierte Blicke nicht negativ empfinde. Die find ich eh o.k.! Aber vielleicht hab ich sie auch einfach neidig angesehen. Weil ich bin erst unlängst draufgekommen, dass ich neidig bin. Das war mir bisher nicht so bewusst.

Klara: Jeder hat dann und wann Neidgefühle, das ist o.k., glaub mir. Wichtig ist nur, dass man sich kennt und weiß, wie man ist und wie man wirkt und wie man wirken will.

Ich (mit ratlos aufgerissenen Augen): Tja, da liegt ja schon der Hund begraben. Wie wirke ich denn? Wie will ich überhaupt wirken? Ich weiß es nicht!

Klara: Ich würde dir vorschlagen eine Liste zu machen, wo du all deine Eigenschaften aufzählst, die andere an dir sehen und schätzen sollen. Ich denke, du bist jetzt gerade in einer 3-Phasen-Orientierung: Leben neu ordnen, Ziele neu stecken, dich selbst neu positionieren. Siehst du das auch so?

Ich (bestätigt, aber unverändert unsicher fühlend): Absolut. Aber mein Problem ist, dass ich mich durch diese 3-Phasen irgendwie überfordert fühle. Weiß nicht, mit welcher Phase ich beginnen soll. Mit allen dreien gleichzeitig? Ist eine Step-by-Step-Abarbeitung überhaupt möglich? Oder muss 'Leben neu ordnen – Ziele stecken – Neupositionierung' nicht Hand in Hand gehen? Aber diese Fülle an Aufgaben überfordert mich schon beim dran denken total. Bin schon, während ich jetzt hier mit dir drüber rede, erschöpft.

Klara: Sicher geht alles irgendwie Hand-in-Hand. Das ganze Leben ist ja eine einzige Vernetzung. Aber ich denke schon auch, dass du den Schwerpunkt deines Denkens und Fühlens mal auf einen dieser drei Bereiche setzen solltest. Was hältst du davon mit deiner persönlichen Neupositionierung zu beginnen? Dabei würdest du neue Seiten an dir entdecken, die dir eventuell eine gute Basis für die Lösungen der beiden anderen Seiten sein könnten. Mir kommt da so ein Bootsvergleich in den Sinn: Wenn du herausgefunden hast, als welcher Boots-Typ – U-Boot, Motorboot, 5-Master, Luxus-Liner etc. etc. – du in See stechen willst, kannst du vielleicht leichter entscheiden, welches Reiseziel du ansteuern und entdecken willst. Aber es geht natürlich auch umgekehrt. Du kannst dir ein Ziel suchen und dann schauen, mit welcher Bootsklasse du es am besten erreichst. Und dich dann eben zu dieser Bootsklasse hin adaptieren. Hör mal rein in dich, von welchem Ende du es angehen willst. Ist vermutlich auch eine Prioritätenfrage – was ist dir wichtiger: das Ziel und die schnellstmögliche Erreichung oder deine Persönlichkeit und der passende Weg zum Ziel?

Die Metapher gefällt mir. Und bringt mich zum Schmunzeln. "Aber vielleicht hab ich alle Bootsarten in mir", werfe ich schelmenhaft ein. "Ja, vielleicht bist du ein Kombi-Boot, gut möglich. Aber vielleicht auch nur aus zwei oder drei Schiffstypen zusammengemixt. Wir werden's erfahren. Ich bin schon neugierig drauf.", grinst Klara nicht minder schelmenhaft. Zustimmend nickend und neugierig auf meine Bootsklasse verlasse ich zwei Stunden später meinen Mind-Spa-Tempel.

THAT'S IT!

Scheinbar verabscheuungswürdige Eigenschaften entpuppen sich bei genauerer Betrachtung als gar nicht so negativ. ;-)

Will ich wie meiner Mutter aussehen?

Das ist das Resultat meiner heutigen Coaching-Session: statt Denkanstöße für Lösungsansätze Denkanstöße für jede Menge zusätzlicher Fragen!

Wer bin ich? Wirke ich so, wie ich bin? Wie wirke ich überhaupt auf andere? Will ich so wirken, wie ich auf andere wirke? Will ich so sein, wie ich bin? Will ich so sein, wie ich wirke? Will ich wirken, so wie ich bin?

Frage mich ja schön langsam – und schon wieder eine Frage! –, ob ich überhaupt je wieder Antworten finde. Und schreibe deshalb – missmutig fragend – in mein Tagebuch: "Ob ich ab nun als ein riesengroßes, ahnungsloses Fragezeichen durchs Leben wandle?"
Nachdenklich und zweifelnd knabbere ich an meiner Unterlippe. Und da mir auch zu der Frage wieder einmal keine Antwort einfällt, steh ich von meinem Schreibtisch auf und geh ins Badezimmer. Ich lehn mich an den Türrahmen und schau mich in den Spiegel. Einfach nur so in den Spiegel. Mir ist danach mich mal genau

anzusehen. Mir neutral ins Gesicht zu schauen. Nicht mit dem kritischen Mitesser-Such-Blick oder dem entsetzten Falten-Entdecker-Auge. Sondern ich will mich einfach betrachten. Und vielleicht so erkennen, wer ich bin. Und ob die, die mir da so entgegenschaut, auch die ist, die ich sein möchte.

Nach einigen Minuten stummen In-den-Spiegel-Schauens komme ich zur Erkenntnis, dass ich irgendwie komisch aussehe. So schief. Ob man das merkt, wenn man mit mir redet? Mir ist das ja bisher noch gar nicht so aufgefallen, dass ich so ungleichmäßig bin.

Meine Augen sind eigentlich schön. Groß und blau. Nur die Wimpern könnten ein bisschen dunkler sein. Obwohl ich mich ja eh immer schminke und Wimperntusche verwende. Aber nett wäre es, wenn sie auch ohne Wimperntusche dunkel wären. Vielleicht sollte ich sie mir färben lassen.

Eigentlich wirke ich ganz schön bieder, wenn ich mich so länger ansehe. Ordentlich. Attraktiv. Aber bieder. Und irgendwie älter. Nicht, dass ich so viele Falten hätte, aber ich schau so gesetzt, so damig aus. Ich denke, wenn ich jetzt rasch jemanden nach meinem Alter frage, würde der vermutlich sagen: so zwischen 40 und 45. Mir niemals 34 Jahre abnehmen. Und wie ähnlich ich meiner Mutter sehe! Ich dachte immer, ich würde ganz die Gene meines Vaters haben, aber so genau betrachtet, sehe ich fast aus wie sie. Nur weniger lebenslustig. Dafür aber business-mäßig. "Ja, ich würde mir mein Geld anvertrauen", denke ich. "Wenn ich es sicher veranlagen möchte und keine Ideen für kreative Investitionen erwarte." Mit einem laut ausgesprochenem, leicht frustrierten "Na Bravo!" verlasse ich das Badezimmer wieder Richtung Tagebuch. Mürrisch schreibe ich die nächsten Fragen rein: "Ob ich so alt werde, wie ich heute aussehe? Wie viel Biederkeit braucht eine Wirtschaftsprüferin? Wollte ich wirklich jemals bieder werden? Bin ich überhaupt bieder oder schau ich nur so aus? Will ich, dass die anderen mich bieder und spießig finden?" Meinen Blick aus dem Fenster in den Himmel gerichtet reflektiere ich. Halte einige Minuten intern Konferenz mit all meinen in mir versammelten Lilis ab, um dann einen einstimmigen Beschluss zu Papier zu bringen: NO MORE BIEDER!

THAT'S IT!

Help! Ich will nicht die junge Kopie meiner Mutter sein!

Neues Leben – neues Styling!

Nach dreimaliger Schlaf-Verlängerung stehe ich um 9 Uhr endlich auf. Habe mich an das Auch-unter-der-Woche-morgens-lang-schlafen-Können sehr rasch gewöhnt. Habe die begeisterte Spät-Aufsteherin in mir wiederentdeckt. Ich wurde ja in den letzten Jahren mehr aus Selbstdisziplin denn aus Überzeugung Frühaufsteherin. Außerdem dachte ich, dass ich verheimlichen müsste, dass ich viel Schlaf brauche. Hatte Sorge, dadurch einen Nicht-voll-leistungsfähig-da-eher-faul-Stempel aufgedrückt zu bekommen.
Ich habe stattdessen immer versucht, im Kollegen-, Kunden- und auch Freundes-Kreis besonders aktiv mitzuhalten beim Aufzählen der diversen Freizeit-Aktivitäten. Obwohl über all die Jahre mein liebstes Hobby das Kuscheln vorm Video geblieben ist. Auch wenn es Jahr für Jahr weniger Kuschel-Filmschau-Stunden wurden. Ich habe mich in den letzten Jahren aber immer auch cineastisch weitergebildet. Um dem Videoschauen wenigstens einen Touch von professionellem Hobby zu geben, hab ich immer fleißig die Trailer studiert und Kritiken gelesen. Mir so einiges an Film-Wissen angeeignet. Max hat meinen Ehrgeiz, alle meine Interessen zu professionalisieren und zu perfektionieren, nicht verstanden. Toleriert schon, teilweise auch amüsant gefunden, aber nie wirklich verstanden.

"Du bist eine arg Getriebene", hat mir Max zu Neujahr vor drei Jahren lachend an den Kopf geworfen, als ich mit ihm – während im Fernsehen das Neujahrskonzert lief – eine Liste mit Jahresaktivitäten und Jahreszielen durchbesprechen wollte. Er hat das damals zwar über sich ergehen lassen, erinnere ich mich, aber wirklich ernst genommen hat er es nicht. Was ich damals sehr kränkend empfunden habe, weil ich solche Planungen für einen wichtigen Teil von Erfolgen sehe. Ungeachtet dessen hat Max natürlich recht: Ich bin schon eine arg Getriebene, die alles können, alles wissen und besser als die anderen sein will. Das Leben als permanenten Wettkampf mit wechselnden Gegenspielern sieht.

Deshalb erstaunt mich ja umso mehr, dass ich nach meinem Ausscheiden von BGAG in ein soooo tiefes mentales Loch gefallen bin, soooo passiv werden konnte. Scheinbar war mein Antreiber verstimmt – oder sogar defekt. Die kleinen Löcher kenn ich ja schon seit Jahren und die beflügeln mich auch meist mehr zu tun, statt nichts zu machen. Aber eine so große Down-fühl-Grube war mir echt neu. Bin jedenfalls sehr froh, dass ich die schlimmste Phase überstanden habe. Nicht vorstellbar, wie das sein muss, wenn man so eine Passivität mehrere Monate hat!

"Also ist so ein Antreiber gar nichts so Schlechtes", schmolle ich gedanklich trotzig in Richtung Max und hoffe, damit jetzt endlich diese alte Neujahrsgeschichte aufgearbeitet zu haben.

Mein wiedererweckter Antreiber jedenfalls schreit seit gestern Abend ganz laut: Neues Leben – neues Styling! ☺

Was ich hiermit zu einem Projekt mache. Und deshalb gibt es neben Kaffee und Müsli heute zum Frühstück gleich auch Papier und Bleistift, um mein Re-Styling-Programm schwarz-auf-weiß und konzeptionell festzuhalten. An oberster Stelle der Maßnahmenliste schreibe ich gleich mal "neue Frisur". Dass mich mein Spiegelbild gestern als farblose Kopie meiner Mutter angesehen hat, hat mir echt nicht getaugt. Eine neue Frisur halte ich für eine ganz wichtige erste Lili-Veränderung. Und gleich als Punkt zwei schreib ich "Sparring-Partner". Und ein großes Fragezeichen daneben. Wobei das Fragezeichen für die Frage "WER" und nicht für "ob überhaupt" steht. Denn ich kenne mich und weiß, dass ich dafür unbedingt geeignete Unterstützung brauche. Wenn ich das ganz alleine durchziehe, dann wird's eher wieder more-of-the-same. Und lustiger ist so eine Aktion sicher auch mit einem zweiten. Soll ich eine Farb- und Typberaterin aufsuchen? Aber wer ist da gut? Ob Klara eine kennt? "Nein, ich will nicht EINE, ich will EINEN!", schießt mir durch den Kopf. Und ich will jedenfalls keinen oberlehrerhaften Tipp-Geber haben. Keine schlauen Lehrmeinungen mehr hören. Hab genug Artikel und Tipps á la " richtiges Outfit für Erfolgreiche" gelesen. Und da ich seit meinem Gespräch mit Peter von der Relativität von richtig und falsch überzeugt bin, will ich gar nicht mehr wissen, was "richtiges Gewand" für mich ist. Ich will meine eigene Meinung, meinen eigenen Geschmack erarbeiten – und dafür Unterstützung bekommen. Mein Sparring-Partner soll schon eine kritische Person sein, mit eigener Meinung und eigenem Geschmack. Aber es soll niemand sein, der mich belehrt oder mir gar seine Geschmacksvorstellungen "auf's Aug" drücken will. Auch niemand, dessen Hauptaugenmerk darauf liegt meine negativen Körperregionen zu kaschieren, sondern jemand, der die positiven Figurteile herauszuheben versteht. Ich will mein Re-Styling ja nicht mit Frust sondern lustvoll und mit Freude erleben!

THAT'S IT!

Ich will meine eigene Meinung und meinen eigenen Geschmack neu entwickeln!

Ich will lustvoll sein!

"Ja, ich will lustvoller leben und auch lustvoll wahrgenommen werden", lächle ich bestätigend. Habe hiermit schon einen Punkt auf meiner "So-will-ich-gesehen-werden"-Liste. ☺ Brauche jetzt also nur noch den passenden Re-Styling-Unterstützer. Monis Mann Peter wäre ja ein guter Sparring-Partner. Aber durch dieses Großprojekt hat er sicher gerade andere Sorgen, als die Freundin seiner Frau beim Re-Styling zu beraten. Und selbst wenn er sich Zeit nehmen würde, wäre es mir wegen Moni unangenehm. Sie müsste dann ja vielleicht für ihn einspringen und noch mehr arbeiten. Außerdem wär es mir vermutlich generell gegenüber Moni unangenehm, mit Unterstützung ihres Mannes Re-styling zu betreiben. Nein, Peter kommt nicht in Frage.

Nächster Mann auf meiner Liste: Bruderherz Robert.

Was ihn für den Job qualifiziert? Stets ein Auge auf die Frauen – somit ein guter Kenner meiner Mitbewerberinnen. ;-) Einen scharfen Blick für das Wesentliche – somit ein Mensch, der rasch zu einer Meinung findet. Die Sicht eines Künstlers – somit sensibel und offen für Neues.
Passt also perfekt! Jetzt braucht er nur noch wollen.

Wie immer, wenn ich mit Robert Kontakt aufnehme, greife ich zu meinem Handy und schicke ihm ein SMS:
NEUPOSITIONIERUNG IST ANGESAGT. WAS HÄLTST DU VON EINEM LILI-RE-STYLING? BIST DABEI?

Zufrieden, bereits um 9.30 Uhr zwei wichtige Lösungsansätze gefunden zu haben, beschließe ich mir ein verlängertes Frühstück zu genehmigen und eine zweite Tasse Kaffee mit extra viel Milchschaum zu trinken. Bereits während ich mir Kaffee nachschenke, kommt Roberts SMS-Antwort:
ENDLICH! ☺ MEHR ALS ÜBERFÄLLIG! ;-) SICHER! ☺ WANN & WO?

Drei Stunden später rausche ich beschwingt, mit einem Stapel an Meinungs-bildenden Mode-, Lifestyle- und Business-Magazinen, zum Lunch-Termin mit Robert ein. Halte – schon ganz lustvoller Mensch – mein erstes Neupositionierungs-Meeting mit Robert in einem der schicksten Lunch-Adressen der Stadt ab!

Nicht meine Idee, sondern der erste Positionierungs-Input von Robert. Sein Motto: Der Mensch ist, was und wo er isst. ;-)

> **THAT'S IT!** Ich will lustvoll wahrgenommen werden – also beginn ich mal genussvoll zu essen!

Probieren geht über studieren!

Eine Woche später, habe ich mein Re-Styling fürs Erste beendet. War schwieriger als ich mir gedacht habe, weil ich scheinbar nicht nur bin, was ich esse, sondern auch bin, was ich anhabe. Mich und meine Garderobe der letzten Jahre würde ich als klassisch-traditionell bezeichnen – und das inkludiert eine gewisse Skepsis vor Neuem ...

Die letzten Tage erinnerten mich stark an meine Kindheit, in der ich leidenschaftlich gerne verkleiden gespielt habe. Mit dem alten Pelzkragen meiner Tante Mimi war ich Queen Elisabeth von England, mit dem rosa Nachthemd meiner Mutter die damals junge Königin Silvia von Schweden. Waren herrliche Spielnachmittage damals für mich. Ich fühlte mich jetzt beim Re-Styling teilweise ähnlich. In manchen Kleidungsstücken empfand ich mich gleich so viel strahlender und auffallender oder sogar erotischer, dass ich baff war. Hatte dann aber oft sofort wieder die Sorge, zu sehr aufzufallen oder gar peinlich zu wirken. Roberts immer wieder spitzbübisch gestellte Frage "Also was jetzt – willst eine Massenware sein oder willst dich abheben als mondäne Person mit gutem Geschmack?" hat mir bei vielen Entscheidungen sehr geholfen. Robert hat generell wirklich ganze Arbeit geleistet. Hat mich bestärkt auch Sachen zu probieren, für die ich alleine viel zu feig gewesen wäre. "Lili, du musst die Sachen an dir selbst sehen", hat er mein Trockentraining "Lass-uns-schauen-was-es-so-gibt-und-reden-was-zu-mir-passen-könnte" gleich am Anfang unterbrochen. "Was bei einer Person gut aussieht, sieht bei der anderen furchtbar aus. Und umgekehrt. Und weil's in der Zeitung gut aussieht oder an der Modepuppe, heißt es noch lange nicht, dass es an dir auch so wirkt. Und wer weiß, ob dir der Stoff angenehm ist und der Schnitt. Du musst dich ja auch wohlfühlen in den Sachen. Nicht nur gut ausschauen. Weil, wenn du dich nicht wohlfühlst, schaust eh nicht gut aus, sondern gequält.", hat er mir gleich in der ersten Stunde "unserer Zusammenarbeit" mit auf den Weg gegeben.

Und so sind wir dann ganze herrliche drei Tage unterwegs gewesen. Soviel waren wir seit unserer Kindheit nicht mehr zusammen. Und soviel Spaß hatten wir überhaupt noch nie. Hab mich fast wie Julia Roberts in Pretty Woman gefühlt. Nur, dass der Mann an meiner Seite nicht mein Lover, sondern mein Bruder war. Und auch nicht seine, sondern meine Kreditkarte mit einem kleinen Vermögen belastet wird. Aber sonst war es ident. ;-)

Zwischen Boutiquen und Schuhgeschäften waren wir in Galerien und bei Kunden von Robert. Er konnte ja wegen mir nicht ur-plötzlich sein Geschäft komplett vernachlässigen. Diese Kunst-Abstecher waren für mich aber auch eine herrliche Sache. Erstens Erholung vom ständigen An- und Ausziehen und zweitens geistige Nahrung. Ich hab mir ja nie wirklich vorstellen können, was Robert so den lieben langen Tag macht. Hab jetzt gleich ein bisschen mehr Einblick bekommen. Einblick in eine mir fremde Welt.

Es waren echt drei sehr, sehr lustige Tage. Und vor allem erfolgreiche! Ich gefalle mir selbst echt gut und bekomme blickliche und verbale Komplimente. Finde das sehr aufregend. Manchmal denke ich mir allerdings schon "Also, so schlecht hab ich ja vorher auch wieder nicht ausgesehen, wie ihr jetzt jubelt ob meiner neuen Garderobe." Den Vogel hat dabei meine Freundin Eva gestern Abend abgeschossen. In ihrer leicht naiven, aber direkten Art hat sie zur Begrüßung voll Begeisterung in der Wein-Bar laut aufgeschrieen "Wow Lili, siehst du toll aus – ich hab dich jetzt gar nicht erkannt." Die Gratwanderung zwischen aufbauend und beleidigend ist ganz schön schmal. ;-)

Lächelnd über die gestrige Bar-Szene streiche ich über den glatten Stoff meines neuen roten Hosenanzugs. Habe ihn soeben von der Änderungsschneiderei geholt. Jetzt habe ich alle neuen Teile im Kasten. Schaut sehr ordentlich aus. Aber auch viel leerer. Habe nämlich nicht nur die neuen Sachen reingetan, sondern auch gleich fleißig alte Teile ausgemustert. Bis auf ein paar wirklich absolute Lieblingsstücke sind 80 % meiner alten Sachen in großen, zugebundenen Säcken – bereit für die Humana-Kleidertonne. Habe damit irgendwie auch symbolisch Ballast abgeworfen. Die Schuhe sind von dieser Radikal-Entrümpelung allerdings ausgenommen gewesen. Muss erst lernen mit den neuen, wesentlich höheren Absätzen ordentlich zu gehen, bevor ich mich von meiner bisherigen Fußbekleidung trennen werde. Wenn ich mich von denen überhaupt trenne, denn: Schuhe kann ich ohnedies nie genug haben. ;-)

THAT'S IT!

Das beste Trocken-Training ersetzt nicht die Erfahrung des praktischen Tuns.

Spielen statt schuften

Die letzten Tage mit Robert waren wirklich spannend und bereichernd für mich. Habe ihn viel besser kennen gelernt. Und auch von einer ganz anderen Seite. Wusste gar nicht, wie gut sich Robert mit Kunst wirklich auskennt und mit welcher Begeisterung er arbeitet. Wobei mir seine Art zu arbeiten wirklich komplett fremd ist. Kommt mir irgendwie alles so nebenbei vor. Nicht geregelt, nicht wie wirkliches Business. Mehr so wie ein Hobby, so wie spielen. Aber ich hab natürlich auch nur drei Tage mitbekommen und der Papierkram, der auch dahintersteckt, soll laut Robert manchmal sehr nervig sein. Jedenfalls wurde durch Roberts Arbeitsstil in mir der Wunsch geweckt, auch voll Leidenschaft an einer bzw. für eine Sache zu arbeiten. Nicht voll Verbissenheit, wie ich das bisher gemacht habe, sondern voll Leidenschaft.

Und auch die Vorstellung, mehr zu spielen denn zu schuften bei der Arbeit, gefällt mir. Aber allein der Gedanke, dass mir das gefällt, ruft in mir die Moral-Lili auf die Bühne: "Wirtschaftsprüfung ist ein hochsensibler, hochseriöser Bereich. Da haben Spiel und Spaß nichts verloren. Da würde die Welt ja lieb aussehen, wenn alle immer nur an ihr Vergnügen denken würden."

Eingeschüchtert von der Moral-Lili in mir dreh ich meinen Laptop auf. Hab mit Klara gleich zu Beginn unserer Zusammenarbeit vereinbart, nicht immer bis zum nächsten Termin zu warten, sondern auch Coaching-Einheiten via E-Mail in Anspruch zu nehmen. Davon mach ich jetzt gleich mal Gebrauch. Bevor ich ganz ins Land der Träumerei abgleite. Oder mich der totale Frust darüber packt, dass ich nie und nimmer so arbeiten werde, wie ich es mir echt wünschen würde.

liebe klara

ich sehe rundherum neu aus. du wirst staunen, wenn du mich siehst. hab auch einen coolen neuen haarschnitt und bin auch nicht mehr aschblond, sondern rotblond. ☺ ich bin schon neugierig auf deinen gesichtsausdruck! neue schicke klamotten habe ich übrigens auch. ja, ich hab richtig investiert in mich. *g*
hoffe nur, dass ich dafür auch bald mal einen ordentlichen "return on investment" bekomme *wirtschaftsprüferinnendenken* ;-) scherzohne: ich fühl mich echt wesentlich hübscher und schon viel näher an der Person, die ich sein will. die ich auch wirklich bin! und als die ich wahrgenommen werden will. hab meine hausaufgabe also schon gemacht ;-)

mein bruder hat mich bei meiner re-styling-tour begleitet. war mir eine große hilfe. nicht nur beim sackerl tragen, gell! auch beim aussuchen. ;-) aber zahlen hab ich leider schon selbst müssen. ☹

ich schau zwar unverändert nicht vulgär aus, aber schon viel weiblicher. merk's auch an den bewundernden männerblicken. ☺

robert hat mich aber nicht nur auf den mode-geschmack gebracht, sondern mir auch gusto auf seine art des arbeitens gemacht. er ist soviel leidenschaftlicher und spielgetriebener bei der sache als ich. mir kommt vor, dass er weniger an ein großes karriere-endziel denkt, als vielmehr jede einzelne tätigkeit für sich genießt. fast so, als ob es die einzige sache der welt wäre, die es zu tun gibt.

ich würde auch gern so arbeiten können. aber in meiner branche habe ich damit kein leiberl. ich glaube, weil ich es mir im unterbewusstsein so locker und lustig wünsche, steh ich so auf diese amerikanischen soaps, wo alles arbeiten - selbst in kanzleien - von spaß und freude begleitet wird. leider sieht die realität ganz anders aus. das leben ist halt keine sitcom. ☹ und auch wenn ich zu dieser erkenntnis stehe, damit abfinden ist zur zeit für mich echt schwer. kann ich irgendwie gar nicht. weil ich es nämlich nicht will!

ob ich mir mein leben einfach zu einer sitcom machen kann? was meinst du? klingt das jetzt schlimm abgehoben und weltfremd? ist schon arg, so einen wunsch zu haben, gell?! wo viele frauen doch in schlecht bezahlten berufen schuften wie tiere. und job, haushalt, mann und kinder unter einen hut bringen müssen. und ich - dekadente tussi - träume von einem leben als ally mcbeal. ally mcbeal inkl. glücklicher lebensgemeinschaft noch dazu (nur fallst du die serie nicht kennst: ally hat kein glück mit männern).

oh gott - nicht mal ein monat ohne job und ich fantasiere schon. ob das entzugserscheinungen sind?

ich denke, thema unseres nächste gesprächs sollte sein: wie finde ich wieder zu realistischen jobwünschen!!

liebe grüße
lili

Vier Stunden später mailt mir Klara zurück. Ich surfe gerade so durch die Jobangebotslandschaft im Netz. Entdecke dabei erstmals, dass es auch Online-Personalberater gibt. Klicke die angebotenen Infos und Angebote an. Einen Job, der mich anspringt und laut "Lili-wir-brauchen-dich-denn-bei-uns-ist-es-lustig-wie-in-einer-Soap" ruft, habe ich bis dato aber leider keinen gefunden.

hallo meine liebe lili!

na, das klingt ja alles sehr aufregend. freu mich schon auf unser gespräch nächste woche. bin schon sehr gespannt auf dein neues outfit.

deine beruflichen überlegungen finde ich übrigens auch sehr spannend. keineswegs klingen deine worte für mich nach traummännlein. vielmehr nach visionärin. fortschritt ist doch meist die folge von aufbegehren und in frage stellen von althergebrachtem. und es gibt keine traditionelle branche, die sich nicht verändern könnte, der innovation und neuartigkeit schlecht täte. und eine leidenschaftlich positionierte wirtschaftsprüfungskanzlei hat was. ;-)

und wie sagen die engländer so schön: "all things are created twice" - zunächst als idee in unserem geist und dann als sichtbare materielle form. aber zuerst muss das WAS kreiert werden und reifen, um nicht durch ein zu schnelles WIE vorschnell zerstört zu werden. leider werden viele gute ideen durch ein unmittelbares WIE gleich wieder gekillt.
also bitte: kill nix vorschnell. träum lieber noch ein bisschen!
und überleg dir dabei:
- was oder wer könnte dich bei der realisierung deiner träume unterstützen?
- in welcher form müsste diese unterstützung erfolgen?
- wer hätte außer dir einen vorteil von der realisierung deines traums?

viel erfolg beim träumen und
liebe grüße
klara

Vielleicht hat Klara ja recht. Vielleicht bin ich gar keine dekadente Spinnerin. Vielleicht sollte ich mir wirklich meinen idealen Arbeitsplatz einfach mal kreieren.

THAT'S IT!

Lieber länger träumen, als gute Ideen vorschnell killen.

Warum eigentlich nicht?

Auf der grünen Wiese selbständig machen war in meiner Karriereplanung nie vorgesehen. Wollte Partnerin einer renommierten Kanzlei werden. Nicht eine Wald-und-Wiesen-Steuerberaterin mit monatlichen Existenzsorgen. Aber seit Klaras E-Mail gestern denke ich erstmals ernsthaft über diese Möglichkeit nach. Frage mich auch, warum ich eine solche Laufbahn bis dato so absolut abgelehnt habe. Hochmut? Die letzten Wochen haben mich ganz schön demütig werden lassen. Sollte es je Hochmut gewesen sein, dann ist dieser Grund jetzt jedenfalls weg. Angst? Definitiv. Und nicht nur eine! Vielmehr gleich ein ganzes Bündel an Ängsten!! ☹
Angst, keine Kunden zu finden. Angst, nicht die gewünschten Kunden zu bekommen. Angst, die Kunden schlecht zu betreuen. Angst, den ganzen Infrastruktur-

Aufbau nicht auf die Reihe zu bekommen und statt professionell-geschäftig chaotisch-gestresst zu wirken. Angst, kein anerkanntes Mitglied meines Berufsstandes und des gesellschaftlichen Umfelds, in dem ich mich bewege, zu sein. Denke dabei immer wieder peinlich berührt an die bösen – ja entmutigenden – Reaktionen von mir und meiner Familie als Robert von seinem "seriösen" Job in die "Kunstbranche" wechselte. Als "No-Name-in-der-Szene" Freiberufler wurde! Weiß nicht, ob ich solche Reaktionen von meiner Umwelt verkraften könnte! Ob ich dafür ausreichend Selbstvertrauen habe.
Zusammengefasst: Ich habe Angst es nicht zu schaffen!

Unter der schützenden Kanzlei-Marke BGAG war tough auftreten relativ leicht. Hatte diese renommierte Firma quasi als Schutzschild. Und als Referenz. So nach dem Motto: "Wow, die arbeitet bei BGAG, na dann muss sie aber super-gut sein." Und auch wenn ich objektiv weiß, dass das ein absoluter Blödsinn ist und in jeder noch so tollen Firma, neben Überfliegern, auch ordentliche Traumtänzer arbeiten, subjektiv beurteile ich Menschen nach ihrem Arbeitsplatz. Und geh davon aus, dass es die Mehrzahl der Menschen – also zumindest die High Professionals – ebenso tut.

"Schließ nicht von dir auf andere", mahnt mich Moni, als wir spätabends bei ihr im Garten Barolo schlürfend über Mut und Über-Mut zur Selbständigkeit philosophieren. "Ich zum Beispiel hatte immer schon Hochachtung vor Menschen, die was ganz Eigenes aufbauen. Nicht in der Traumphase stecken bleiben, sondern es angehen und umsetzen. Ich denke, das war auch der Grund, weshalb ich bei allen Anfangsmühen und finanziellen Sorgen nicht grantig wurde, als Peter nach der Trennung von seinem Ex-Partner neu und allein auf der grünen Wiese begonnen hat. Hee – hast du uns damals eigentlich auch als Absteiger beurteilt? Laut deiner Wer-arbeitet-wo-und-was-Einteilung müsste das ja wohl so gewesen sein."

"Nein, natürlich nicht", schau ich erschrocken von meinem Weinglas auf. Die aus meinen Worten und Gedanken möglichen Schlussfolgerungen erst jetzt begreifend.

Aber es stimmt tatsächlich: Moni und Peter waren für mich nie Absteiger, sondern immer eine Spitzen-Kombi. Ein Power-Couple. Da wäre mir so was wie "Absteiger weil Umsteiger" nie in den Sinn gekommen. Erstaunlich. Beurteile ich Menschen,

die ich mag – ja sogar liebe – soviel anders? Oder liegt es an der Persönlichkeit der einzelnen Personen? Hängt eine positive Beurteilung vielleicht gar nicht so sehr von Art, Ort und Menge der Arbeit ab? Sondern vielmehr von der Leidenschaft und den positiven Spannungen, die in gewissen Menschen spürbar im Übermaß vorhanden sind? Sind das die Gründe, warum ich mich in mancher Gesellschaft so wohl fühle, auch wenn die Lebenslagen und Lebenssituationen gar nicht meiner eigenen Wertewelt entsprechen? Bei Moni und Peter hatte ich jedenfalls nie das Gefühl, dass sie was nicht schaffen.
Aber sie waren auch zu zweit. Und ich bin allein. Und da liegt für mich des Pudels Kern!

Nach einem kräftigen Schluck Barolo, mit dem Blick in den schönen Sternenhimmel, eröffne ich Moni meine Blitz-Erkenntnis: "Ja, ich werde meinen Traum von einer ‚Wirtschaftsprüfer-Kanzlei der neuen Art' in Angriff nehmen. Ich brauche nur einen starken zweiten Menschen an meiner Seite. Denn wenn ich schon keinen Lebenspartner habe, dann brauche ich zumindest einen verlässlichen Geschäftspartner. Einen der mich bestärkt und unterstützt. Sobald ich den oder die gefunden habe, gehe ich es an. Großer Barolo-Schwur." Besiegelnd erheben wir das Glas und stoßen an.

Man möchte für seine Arbeit Geld und Bestätigung.
Viel Geld und viel Bestätigung.
Aber keiner fängt ganz oben an.
Jeder muss sich hinauf-arbeiten.
Helmut Grill/freischaffender Künstler

THAT'S IT!

Umsteiger sind keine Absteiger!

Und was ist Ihr "That's it" zum Thema dieses Kapitels?

Rückschlag? Herzlich willkommen!

Die Energie folgt der Aufmerksamkeit, sagt eine alte hawaiianische Weisheit, die ich mal während eines Urlaubs kennen gelernt hab. Diese Erkenntnis ist eine der sieben Prinzipien der HUNA-Lehre – einer mehr als 5000 Jahre alten hawaiianischen Philosophie.

Bin gerade bei einer größeren Wohnungsausmist-Aktion. Und habe dabei mein Hawaii-Urlaubs-Fotoalbum wieder gefunden. In das habe ich auch einen Zettel mit den sieben HUNA-Prinzipien eingeklebt.

Die sieben HUNA-Prinzipien

HUNA heißt wörtlich übersetzt "Geheimnis" und hat seine Wurzeln auf den Inseln des Südpazifik. Es steht für die polynesische Lebensphilosophie der Liebe (ALOHA) und der Kraft (MANA).
"Die Welt ist so, wie du sie siehst." und *"Es gibt keine Grenzen."* sind zwei zentrale Themen dieser ca. 5.000 Jahre alten Philosophie.

1. Die Welt ist so, wie du denkst, dass sie ist (-> denn jeder hat seine Wirklichkeit).

2. Es gibt keine Grenze (-> viele Erfindungsideen wurden zu unrecht ursprünglich als unmöglich abgeurteilt).

3. Die Energie folgt der Aufmerksamkeit (-> Konzentration ist eine wichtige Fähigkeit).

4. Jetzt ist der Moment der Kraft (-> denn wir leben nun mal nicht in der Vergangenheit und auch noch nicht in der Zukunft).

5. Lieben bedeutet glücklich sein (-> mit jemanden oder mit etwas).

6. Alle Kraft kommt von innen (-> deshalb ist an sich arbeiten und mit sich selbst kommunizieren können so wichtig).

7. Effektivität ist das Maß der Wahrheit (-> Wissen allein ist nicht genug. *"Einen Experten erkennt man an seinen Resultaten"*, sagen die Meister des HUNA, die Kahunas).

Nach der Kleider-Entrümpelung habe ich beschlossen, eine generelle Wohnungs-Befreiungsaktion zu starten und mal ordentlich durchzuputzen und wegzuschmeißen. Will mein neues Leben, wenn schon nicht in neuer, so doch wenigstens in entrümpelter Wohnung starten. Werde auch ein kleines Wohnungs-Re-Styling durchführen. Nichts Aufwändiges. Aber ein paar neue Wohnaccessoires zum Aufmotzen werde ich jedenfalls kaufen. Weil, was für mein Bruderherz das Essen, ist für mich das Wohnen: Man ist wie man wohnt. ;-))

Das Fotoalbum veranlasst mich jetzt aber mal zu einer sofortigen Arbeitspause. Muss es unbedingt in Ruhe durchblättern. Kuschle mich ins Sofa und begebe mich, ein bisschen wehmütig und nostalgisch durch diesen Fund gestimmt, auf einen geistigen Kurzurlaub ins Aloha-Land.
Der Hawaii-Urlaub ist schon ewig lange her. Habe damals im dritten Semester studiert und war mit einer Studienfreundin unterwegs, mit der ich seit damals gar keinen Kontakt mehr habe. Obwohl es ein spitzenmäßiger Urlaub war, haben sich unsere Wege nach diesem Urlaub ziemlich schnell getrennt. Sie hat die Uni

gewechselt und ist aus meinem Leben mindestens so schnell verschwunden wie sie reingekommen ist. Sie fehlt mir nicht, aber ich möchte die Zeit mit ihr keinesfalls missen. Wir hatten es sehr lustig, haben viel gelacht. Führten aber auch lange, tiefgehende, gefühlvolle Gespräche. Haben uns während eines Seminars auf der Uni kennen gelernt und dann für die Seminar-Prüfung sehr viel gemeinsam gelernt. Sie war aus einem kleinen Dorf in Vorarlberg. Ihre Eltern waren, soweit ich mich erinnern kann, Bergbauern. Sie war jedenfalls damals total exotisch für mich. Ich kannte davor eigentlich nur Städter. Sie war sozusagen meine erste "Provinzlerin" – eine Titulierung, die sie sich mal selbst gegeben hat in einer unserer langen Lern-und-Rede-Nächte und mit der ich sie seit damals oft aufgezogen habe. Sie hat sich sehr für Naturheilkunde und Schamanismus interessiert. Ich ja eher weniger. Aber für den American Way of Traveling. Und da Hawaii beides bietet, war es für uns zwei ein Paradies, das wir gemeinsam einen Monat lang entdeckten. Sie war für diesen Urlaub die absolut richtige Person. Die richtige Person zur richtigen Zeit.

Wenn ich mir das jetzt so überlege, gibt es da einige Menschen in meinem Leben, bei denen es mir so ergangen ist. Mit denen ich nach einer Phase extrem intensivem und sogar innigem Kontakt keinerlei Verbindung mehr habe. Die scheinbar plötzlich und zufällig in mein Leben geflasht sind, um nach mehr oder weniger langer Zeit ebenso plötzlich wieder zu verschwinden. Ohne Streit oder so. Einfach halt eine andere Weggabelung genommen haben. Und dann gibt es auch einige wenige von diesen "Lebensphasen-Menschen", die doch immer wieder kurz in meinem Leben auftauchen. An den unglaublichsten Stellen und Zeiten. Habe zwei Schulfreundinnen, bei denen es mir so ergeht. Das besonders Interessante daran ist, dass wir – egal, wie viel Zeit zwischen unseren letzten Treffen auch liegt – sofort miteinander offen und intim reden können. So, als ob wir laufend im Kontakt wären. Da gibt's keinerlei Anlaufschwierigkeiten. Aber egal welche Art von Lebensphasen-Mensch – ob ein verschwundener oder immer wieder auftauchender –, das müssen wohl besondere menschliche Verbindungen sein. Denn sie waren damals sehr wichtig und weiterbringend für mich und erzeugen sogar noch Jahre später beim Erinnern ein besonders angenehmes, irgendwie warmes Gefühl in mir. So wie gerade eben.

"Vielleicht sollte ich meine Aufmerksamkeit gemäß der HUNA-Lehre auf die Suche nach einem Lebensphasen-Menschen lenken, der mir jetzt beim Gründen meiner eigenen Kanzlei hilft.", denke ich schmunzelnd, während ich das Hawaii-Fotoalbum durchblättere. "Den könnte ich jetzt nämlich verdammt gut und vor allem schnell brauchen!" Ich bin ja solchen Philosophien gegenüber immer ein bisschen skeptisch eingestellt. Sind mir oft zu esoterisch. Will nicht mit der Jesus-Patscherl-Fraktion in Verbindung gebracht werden. Obwohl ich schon seit einiger Zeit eine leichte Stimmungsveränderung hin zu mehr Interesse an diesen spirituellen Dingen feststelle – in mir selbst, aber auch bei meinen Freunden. Und sogar bei einigen meiner Kunden ist mir das aufgefallen. Dieses Interesse bemerke ich also nicht erst seit meinem Einkehrwochenende. Aber seit diesem besonders. Bin scheinbar sensibler für das Thema geworden. Hätte bis vor kurzen vermutlich auch die HUNA-Prinzipien nicht so intensiv wie gerade eben durchgelesen. Und über das Phänomen der Begegnungen mit Lebensphasen-Menschen hätte ich mir wohl auch nicht wirklich den Kopf zerbrochen. Liegt Spiritualität im Trend? Oder ist das einfach meine selektive Wahrnehmung, weil ich gerade nach jeder möglichen Hilfe in meiner Veränderungsphase suche? Jedenfalls werde ich das mit der Konzentration auf einen geeigneten Geschäftspartner gleich mal probieren. Denn: Hilft's nix, so schad's nix – alte Lebensweisheit österreichischer Omas. ;-)

THAT'S IT! Ein Hoch den Lebensphasen-Menschen. Super, dass es sie gibt!

Wo ist der Notausgang bei Kränkungs-Alarm?

"Herrlich all diese Wohnungssachen", schwärme ich mich in diesem tollen Einrichtungshaus zwischen rot-goldenen Vorhängen im India Style, Kissen mit Leoparden-Muster á la Out of Afrika und Terracotta-Statuen im Renaissance-Retro weg. Am liebsten würde ich ja alles, was mir in die Finger kommt, kaufen und jedes Zimmer unter ein anderes Motto stellen. Oder auch alles Zusammenmixen. So ein Patchwork-Styling gefällt mir ja auch sehr gut. Andererseits will ich mein Leben ja simplifizieren. Habe nicht zwei Tage lang ausgemustert, um meine 50 m²-Wohnung innerhalb von vier Stunden wieder übervoll zu stopfen. Will sie leicht, luftig und freundlich haben – nicht schwer und schwülstig. Und schon gar nicht überladen. Entscheide mich deshalb – laut von der Decke hängender Produktinfo – für die "neue italienische Linie": schlicht und einfarbig.

Gerade als ich nach haselnuss-beigen Handtüchern für mein weißes Badezimmer greifen will, schrecke ich durch die Stimme einer ehemaligen BGAG-Kollegin von mir auf. Sie ist seit einem Jahr in Karenz. Habe sie seit damals nicht mehr gehört oder gesehen. "Ja hallo Lili, das ist aber eine Überraschung dich hier zu treffen.", stürzt sie sich auf mich wie ein Geier auf seine Beute und packt mich am Handgelenk. "Ich hab gehört, du bist nicht mehr bei BGAG. Hast irgendwas verbockt und dich dann zerstritten. Ist ja furchtbar!", schreit sie mich mit ihrer keifenden Stimme richtiggehend an. "Super", fluche ich gedanklich – bleich vor Ärger und Scham, "noch ein bisschen lauter. Ich glaub, die Leute an der Kassa haben es noch nicht gehört." Aus meinen Mund kommt aber erstaunlicherweise ein sehr diszipliniertes, ruhiges "Hallo Britta. Ja, ich bin nicht mehr bei BGAG. Und wie geht's dir?" Will auf das "Warum" meines Abgangs gar nicht eingehen und hoffe, dass ich mittels einer Frage an Britta eine weitere Fragerunde an mich überspringen kann. Aber Britta merkt weder, dass sie zu laut spricht, noch dass ich sie was gefragt habe. Sie schnattert laut und eindringlich weiter auf mich ein: "Und was machst jetzt? Ich mein, im Augenblick ist der Markt ja so was von schlecht. Da wirst nicht leicht was finden, sag ich dir. Nein, also um diese Situation beneide ich dich jetzt wirklich nicht. Nur gut, dass du einen Mann hast."

Meine Info, dass Max und ich geschieden sind, verschlägt ihr zwar für eine Zehntelsekunde den Atem und veranlasst sie endlich meinen Unterarm wieder freizugeben, hält sie aber nicht davon ab mit mir im "Frontal-Stil" wie bisher zu kommunizieren. Für mein Gefühl noch indiskreter oder rücksichtsloser als zu Beginn. Ganz im Gegenteil. Ich bekomme von ihr eine extra-große Portion Entmutigungs-Sager gratis und frei Ohr geliefert. "Das heißt, du stehst jetzt ohne Mann und ohne Job da? Ich pack es nicht! Gerade du, die immer so straight ihren Weg gegangen ist, so erfolgreich gewirkt hat. Also gerade von dir hätte ich das nicht erwartet!"

Ich spüre, wie sich meine Wangen und Ohren rot einfärben und mein Körper leicht zu zittern beginnt – mein Adrenalinspiegel steigt und mein Dopaminpegel sinkt. Trotzdem versuche ich Frau der Lage zu bleiben und so ruhig und gelassen wie möglich zu wirken. "Ich fühle mich trotz dieser Veränderungen nicht als erfolglos, Britta", flunkere ich Souveränität vor. "Ich werde mich jetzt selbständig machen und mit meiner eigenen Kanzlei auf eigene Rechnung erfolgreich sein."

Britta reißt ihre Augen überdimensional weit auf und blickt mich entgeistert an. Könnte kein anderer Blick sein, wenn ich ihre erzählt hätte, dass ich eine Weltumseglung plane. "Echt? Das traust du dir zu?", startet sie die nächste Frage-Runde. "Na, glaubst wirklich dass du das schon kannst? Du bist ja noch nicht so

lange geprüfte Wirtschaftsprüferin. Und wo willst du die Kunden hernehmen? Von der BGAG wird ja wohl kein einziger Klient zu dir wechseln. Oder hast du jemanden zweiten, der Kontakte hat?"
Ohne zu antworten schau ich sie fassungslos an. Ob ich das hier alles träume? Steht mir da mein personifiziertes Unterbewusstsein gegenüber, das mir all meine Ängste ins Bewusstsein bringen will, um mich zu entmutigen und fertig zu machen? Oder soll ich aus der Situation was lernen? Und wenn ja: was? Oder ist Britta ein Lebensphasen-Mensch, der mich retten soll und vor der nächsten Lebensphase bewahren will. Aber wenn dem so wäre, warum sollte meine "Retterin" gerade diese klatschsüchtige Britta sein? "Nein, nicht jede zufällige Begegnung ist ein Lebensphasen-Mensch.", murmle ich kopfschüttelnd in meinen imaginären Bart. Um unmittelbar danach Britta in der Bade-Abteilung stehen zu lassen – mit den von mir besonders bestimmt und laut ausgesprochenen Abschluss-Worten: "Ja, ich bin überzeugt, dass ich das kann – auch alleine. Mach's du auch gut."

Gott sei Dank bleibt sie, ob meines raschen Abgangs sichtlich verdattert, einfach stumm stehen. Und Gott sei Dank ist an der Kassa kein Andrang, so dass ich wenige Minuten später ohne weiteren Britta-Kontakt in meinem Auto sitze. Sozusagen in Sicherheit bin.

Zuhause angekommen, setzte ich mich fix und fertig mit einer Tasse Kaffee auf den Balkon. Lass das soeben Erlebte nochmals wie einen Film vor meinen Augen ablaufen. Und meine dabei hochsteigenden Tränen frei über die Wange kullern. Ich fühl mich total verletzt. "Wer ist diese Britta, dass sie Kraft hat mich zu verletzten", ärgere ich mich dabei über mich selbst. "Sie ist ja wirklich die absolut letzte, die Qualität beurteilen kann, wenn ich an ihre Arbeitweise denke.", versuch ich mich – durch Abwertung von Brittas beruflichen Leistungen – selbst vor etwaigen "Sie-hat-ja-recht"-Gedanken zu beschützen. Und zu meiner großen Erleichterung gelingt mir das Beschützen auch sehr gut. Denn wenige Minuten später bin ich mir so sicher, wie ich es während der ganzen letzten Tage noch nie war, dass ich auch weiterhin beruflichen Erfolg haben will und auch haben werde! Allen Unkenrufen zum Trotz. Mit meiner eigenen Kanzlei.

THAT'S IT!

Kränkende Worte können verletzen. Aber sie können auch bestärken.

Volle Willenskraft voraus!

Kommt mir fast so vor, als ob dieser Selbstzweifelrückfall bzw. seine Überwindung eine Initial-Zündung gewesen ist. Seit fünf Tagen bin ich nun schon emsig wie eine Biene mit dem Aufbau meiner Selbständigkeit beschäftigt. Informiere mich, höre mich um, schreib an meinem Unternehmenskonzept und führe eine To-do-Liste, was ich wie bis wann erledigen muss. Bin total motiviert. Was Trotzigkeit und gekränkte Eitelkeit so alles bei mir bewirken können. ;-)

Klara war vorgestern auch ganz von den Socken, wie zügig und überzeugt ich meine Zielplanung wieder in Angriff genommen habe. Einziger Haken: Ich hab noch immer keinen mir geeignet erscheinenden Kanzlei-Partner gefunden. Es fällt mir niemand ein, den ich persönlich so mag und auch geschäftlich so schätze, dass ich mir eine Kanzleipartnerschaft vorstellen kann. Und ich will jemanden haben, bei dem beides passt. Mir fallen durchaus Leute ein, aber entweder finde ich ihre Persönlichkeit mühsam oder ich stell mir die Zusammenarbeiten mit ihnen unangenehm vor. Brauche ja jemanden, auf den ich mich voll Verlassen kann. Such so einen Partner ja nicht nur als Know-how-Ergänzung und zwecks Kostenteilung, sondern weil ich mich auch anlehnen können möchte, wenn ich in eines meiner mentalen Löcher falle. Ich suche jemanden, der Kraft hat mich zu motivieren, wenn es mit der Kanzlei nicht gleich – oder auch irgendwann später mal –nicht so gut läuft. Und nicht einen, den ich aufbauen oder kontrollieren muss. Naja, und dann muss dieser Super-Mensch auch noch mich und den Aufbau einer Kanzlei wollen – ist ja auch nicht grad ein Osterspaziergang, dem man sofort nach einem unerwarteten Anruf von mir zustimmt.

Zum x-ten Mal gehe ich in Gedanken die Liste der potenziellen Kandidaten durch. Ergreif mir aber erstmals einen Zettel und beginne die Namen aufzuschreiben. Beschließe, mit mir jetzt mal ein kleines Brainstorming zu veranstalten. Jeder, der mir einfällt, wird auf die Liste geschrieben – ohne Bewertung und ohne Kommentar. Ohne Berücksichtigung, was er kann und wie er persönlich ist. Gebe mir dafür jetzt eine ganze Stunde Zeit. Und erst dann darf ich bewerten, kommentieren und streichen. Meine Moderatoren-Lili hat alles gut im Griff. ;-)

Im Radio läuft gerade ein Beitrag über die aktuelle Stones-Tournee. Über das Business hinter der Kunst. Sie berichten, dass die Stones in den Sechzigern sogar fast pleite gegangen wären. Obwohl sie damals schon Welthits hatten. Schlechtes

Management oder schleißige Manager oder beides. Hab ich nicht ganz verstanden. Jedenfalls achten sie seit damals mehr auf die finanzielle Seite ihres Geschäfts und vertrauen dabei seit Jahrzehnten auf einen extra-klugen Finanzspezialisten. Finde ich spannend, das gerade jetzt zu hören. "Vor Tief- und Rückschlägen scheint echt niemand gefeit", sinniere ich beruhigt ob solcher Infos. "Aber wenn man berühmt ist, tut man sich halt beim Finden von Top-Partnern und beim Wiederaufstieg schon leichter", relativiere ich den Tiefschlag der Rolling Stones allerdings auch gleich wieder. Und als ob es zwischen meinen Gedanken und den Stones oder dem Musikgestalter des Radiosenders eine parapsychologische Verbindung gäbe, dröhnt mir Mick Jagger aus dem Äther in mein Hirn:

You can't always get what you want
You can't always get what you want
You can't always get what you want
But if you try sometimes
You might just find you get what you need

Ich unterbreche mein Brainstorming, dreh das Radio lauter und sing hüftschwingend, mit den Armen in der Luft wedelnd lauthals mit. Mag diese rotzige Singweise – auch wenn die "bösen Buben" schon verdammt "establishte Oldies" sind. Denke, genau diese Ambivalenz – rotzig established – ist es, die ich bei den Stones so faszinierend finde. Eine Ambivalenz, wie ich sie in ähnlicher Form auch in mir spüre – jetzt beim Grölen und Shaken besonders stark. Ich will established sein, aber trotzdem nicht in der Masse der Angepasstheit untergehen. Will eine eigene Persönlichkeit bleiben. Jetzt wo ich endlich eine geworden bin. ;-))

Und wenn ich die Boots-Metapher von Klara weiterspinne: Mein Leben ist wie eine Regatta – ich muss navigieren, kreuzen und Hindernisse umschiffen. Ja, vermutlich sogar öfters Umwege fahren. Nach einem Leben auf der Autobahn – mit seltenen Spurwechsel-Manövern, die höchstens einem noch schnelleren Weiterkommen dienten – war das durchaus gewöhnungsbedürftig für mich. Aber jetzt, wo ich dran gefallen gefunden habe, möchte ich die Herausforderungen, Möglichkeiten und die Abenteuer, die sich so bieten, nicht mehr missen. Will sie meistern und erleben – als bestausgerüsteter, Wetter unabhängiger Luxus-Kombi-Liner natürlich. Und dass ich zurzeit wohl eher einem kleinen, feinen Ruderboot ähnlich bin, ändert daran gar nichts. Ich werde nicht kentern, auch nicht im sicheren Hafen verrosten, sondern mich im offenen Meer behaupten! Ich will das so!

THAT'S IT!

Ich will, ich will, ich will!

Achtung: Treib-Gas-Gefahr!

"Schwesterherz, du scheinst grad einen Rückfall zu erleiden", diagnostiziert Robert während eines kleinen Plausch-Spaziergangs bei schönstem Sommerwetter durch die Stadt. "Schaust zwar wesentlich lässiger aus als noch vor ein paar Wochen. Und warst in letzter Zeit auch wirklich besser drauf. Aber nun bist schon wieder so unlocker wie früher."
"Bitte, was heißt da so unlocker wie früher?!", hinterfrage ich diese Anschuldigung sofort voll Empörung. "Na, du lebst schon wieder total verkrampft und zwänglich", bleibt Robert unbeeindruckt von meiner scharfen Stimme gleichmütig und direkt. "Kann mir nicht vorstellen, dass du so einen passenden Geschäftspartner finden wirst. Der müsste ja ein Masochist sein, dass er sich so einer Druckdose wie dir aussetzt."

Mir bleibt die Spucke weg. Soviel Frechheit auf einen Schlag bin ich ja nicht mal von Robert gewöhnt. Dabei hab ich ihm nur erzählt, wie emsig ich schon am Kanzlei-Aufbau arbeite. Und halt wie ärgerlich das ist, dass ich keinen geeigneten Zweiten finde. Ein bisschen Verständnis oder Such-Input wollte ich von ihm. Keine Moralpredigt über meine Unlockerheit. Um Robert aber zu beweisen, dass ich auch über meinen vermeintlichen "Business-Teller-Rand" blicken kann und mich mit "lockereren" Dingen auseinandersetze, erzähl ich ihm von den Huna-Prinzipien. Und dass ein Leitsatz darin lautet: Die Energie folgt der Aufmerksamkeit. Mit beleidigt trotziger Stimme versuche ich ihm das darzulegen. Und ihm ein schlechtes Gewissen zu machen, dass er mich falsch beschuldigt hat. "Ich lenke halt einen Großteil meiner Aufmerksamkeit jetzt auf die Partner-Suche. Das hat nichts mit Unlockersein zu tun, nur mit Konzentration auf ein mir wichtiges Thema.", erkläre ich übereifrig. Leider wissend, dass Robert mit seiner Diagnose ziemlich ins Schwarze getroffen hat. Ich bin schon wieder sehr unter Treib-Gas. Will mir und der Welt beweisen, wie rasch und perfekt ich mein neues Leben checke. Und da gehört laut meinem Plan ganz einfach ein optimaler Kanzlei-Partner dazu – verflucht und zugenäht noch einmal!

"Naja, so Prinzipien haben ja immer auch einen Interpretationsspielraum", antwortet mir Robert zögerlich. "Kenn diese Huna-Prinzipien nicht und kann sie deshalb auch nicht deuten. Obwohl ich nicht glaub, dass hawaiianische Philosophen Verbissenheit in die Welt bringen wollten. Ich hab's ja eher mit den asiatischen Philosophen. Vertrau zum Beispiel total auf folgendes chinesisches Sprichwort: Was man wirklich will, muss man loslassen! Also sollte es mit dem hawaiianischen Ansatz nicht klappen, kannst ja mal diesen chinesischen Entkrampfungsaufruf probieren."

THAT'S IT!

Jeder persönlichen Überzeugung ihre philosophische Weisheit ;-)

Vor – vor – sidestep – vor – vor – sidestep

Auch wenn der Spaziergang mit Robert dann noch bei Schokotorte und Melange, mit nettem Gespräch über Kunst und vor allem über seine neue Flamme, für mein Gemüt beruhigend und wieder sehr freundlich geendet hat, Roberts Lockerheits-Rüge hat mich doch sehr nachdenklich gestimmt. Weil er nämlich recht hat. Und mich das ärgert. Jetzt beschäftige ich mich schon mehrere Wochen spezial-intensiv mit mir und meiner Wunsch-Veränderung und kaum kommt die kleinste Stress-Situation, bin ich auch schon wieder im alten Muster drin. Muss mir das von der Seele sms-en. Schreib Robert deshalb:
DU HAST GANZ RECHT – KANN MACHEN WAS ICH WILL, BIN UNVERBESSERLICH. IST SEHR ÄRGERLICH ☹

Roberts Antwort kommt zwar erst eine Stunde später, fährt dafür aber in mein Herz und meine Seele wie ein ultra-kitschiger Liebesroman ein:
GUT DING BRAUCHT WEILE! IST HALT SCHWER FÜR EINEN TURBO WIE DICH, GELL. ;-) WILL JA NUR, DASS ES DIR GUT GEHT. BIST – OB LOCKER ODER NICHT – MEINE GROSSE, TOLLE SCHWESTER!

Bin sehr gerührt. Und fast ein bisschen ärgerlich, dass Robert "nur" mein Bruder ist ... "Wenn ich schon so tolle SMS von ihm bekomme, was schickt er dann erst seinen Freundinnen", frag ich mich schmunzelnd und beneide seine neue Geliebte direkt ein wenig. Naja, aber so vergänglich wie seine Partnerschaften bisher waren, ist es vielleicht eh der bessere Deal, ihn als Bruder zu haben. Weil in dieser Funktion bleibt er mir wenigstens lebenslang erhalten. ;-))

Mit meinem "Lieblings-Betthupferl" – Mannerschnitten und Almdudler (beliebte Sommer-Alternative zu lauwarmer Milch) – setzte ich mich an meinen Computer. Will mit der Außenwelt kommunizieren. Aber nicht mehr aus der Wohnung gehen und auch nicht telefonieren. Mir ist nach schreiben – kann meine Emotionen zeitweise besser über das schriftliche Wort ausdrücken. Deshalb liebe ich ja auch mein Tagebuch, die SMS-Funktion und das Internet so sehr. ;-)

Beim Reinklicken in den Chatroom stelle ich zu meiner großen Freude fest, dass Mephisto online ist. Um die Uhrzeit, es ist grad mal 21 Uhr, ist das für ihn ziemlich ungewöhnlich. Lade ihn natürlich gleich zu einem kleinen Chat ein:

Diva: guten abend! heute schon so früh hier?

Mephisto: bona sera! ja, bin in letzter zeit öfters schon am frühen abend auf chatten eingestellt.

Mephisto: aber wo warst du? warst schon ur-lang nimmer chatten. hab dich schon vermisst.

Diva: oh, das freut mich aber, dass ich abgehe. ☺

Mephisto: viel arbeit? oder urlaub?

Diva: beides. wobei viel arbeit relativ ist. ich organisiere und positioniere mich grad neu. mach mich selbständig.

Mephisto: hee, toll. gratuliere! als was?

Diva: Wirtschaftsprüferin.

Mephisto: dachte immer schon, dass du eine ganz kluge frau sein musst.

Diva: thanx

Diva: aber im Augenblick hab ich grad einen kleinen rückschlag.

Mephisto: wieso?

Diva: naja, ich weiß was ich will, bin mir aber nicht sicher, ob das der richtige weg ist, den ich da grad einschlage – ob der wirklich meins ist …

Diva: oder ob ich einfach nur schnell sein will. im augenblick hab ich jedenfalls mehr das gefühl, dass ich anstehe … soviel zum thema "kluge frau" …

Diva: verstehst du, was ich meine, oder bin ich zu akademisch?

Mephisto: denke schon, dass ich mitkomme - auch als nicht-akademiker.

Diva: oh sorry, so hab ich das nicht gemeint …

Mephisto: null problemo, war ja nur ein kleines scherzerl von mir.

Diva: kennst du so ein gefühl?

Mephisto: claro! bin ja ein alter bergsteiger - da komm ich oft in solche weg-situationen.

Diva: und was machst dann?

Mephisto: wenn irgendwas den weg versperrt, schritt zur seite, neuen weg nehmen und weiter geht's nach oben und das gleiche beim runtergehen - weil das runterkommen ist ja mindestens so wichtig wie das aufsteigen. ;-)

Mephisto: diese technik wende ich auch im leben an.

Diva: klingt schlüssig

Mephisto: ist es auch

Diva: aber fühlst du dich nicht schwach, wenn du dem hindernis einfach ausweichst, statt es wegzuschaffen?

Mephisto: nö, höchstens schlau ;-)

Mephisto: und es gibt natürlich hindernisse, die ich auch wegräume. weiche nicht jedem kleinen spalterl oder steinderl aus. aber wenn das nicht geht, das hindernis zu mächtig ist, dann wäre es doch blöd meine kräfte zu vergeuden.

Mephisto: wenn überhaupt - tät ich mich fürs kräfte-vergeuden genieren - aber ich genier mich nicht so rasch.

Diva: und wenn's mehrere seitenschritte sind …

Mephisto: wenn erforderlich, dann halt eben mehrere schritte zur seite bis zum neuen weg …

Diva: hast dabei keine angst, dass die anderen von dir glauben, dass du es nicht kannst?

Mephisto: erstens orientiere ich mich wenig daran, was die anderen glauben von mir - so ein leben im spiegel ist mir zu glasbruchgefährdet - und zweitens: was ist die alternative?

Mephisto: nichts tun und warten, dass mich jemand rettet?

Mephisto: da verlass ich mich schon lieber auf meine eigenen kräfte und meine quergänge ….

Diva: hmmm - werd mal drüber nachdenken.

Mephisto: tu das. ☺

Mephisto: sag, willst du nächste woche zu meiner geburtstagsparty kommen? jetzt chatten wir schon so lange, da wär ein face-to-face-plausch doch auch mal nicht schlecht. was meinst?
Diva: tja, wär schon nett. aber vielleicht können wir dann nimmer so gut und ungeniert chatten …
Mephisto: oh, heute kommt aber oft das wort genieren vor …
Mephisto: überlegs dir halt mal - freuen tät's mich - man wird ja nicht alle tage 33. ;-)
Mephisto: aber - feel free ist ganz up2u und wennst lust hast ab 21.00 uhr im "gartenzelt" (casual wear! *g*).
Diva: thanx. schlaf mal drüber. ☺ meld mich wieder.
Mephisto: tu das! und süße träume dir!

Bin ja keine Bergsteigerin. Aber dieser Vor-vor-sidestep-Rhythmus erinnert mich jetzt grad an die Square Rumba. Bin ja eine begeisterte Tänzerin. Tu's nur leider zu selten. Bei der Square Rumba bewegt man sich – eher im langsamen Tempo, dafür aber mit erotischer Haltung – mit diesen Vor-vor-Sidesteps durch den Saal. Tanze ich gerne. Und auch gut. So gut, dass ich oft sogar die Führung von meinem Tanzpartner übernommen habe. ☺
Und wenn die Tanzfläche überfüllt war, habe ich auch schon oft improvisiert – und hab mit drei oder vier Sidesteps gekonnt und erfolgreich mir einen neuen Tanzplatz erobert. ;-)

Kritik ist eine Chance.
Ohne Kritik würde man ja auf viele Fehler
gar nicht draufkommen.
Und sie solange weitermachen,
bis sie echt schlimme Folgen hätten.
Gerhard Ströck/Bäcker und Unternehmer

THAT'S IT!

Manchmal braucht es mehrere Sidesteps, um einen neuen Weg oder einen freien Platz zu finden.

Und was ist Ihr "That's it" zum Thema dieses Kapitels?

Geschafft?!

Freudig grinsend verteile ich meine 150 roten Rosen in Kübeln und Vasen. Meine Sekretärin hilft mir dabei und kann sich vor Bewunderung gar nicht einklinken. "Pfau, das ist ja so was von voll romantisch!", gibt sie zwischen "Au, verdammte Dornen" immer wieder begeistert von sich. Habe heute Geburtstag. 37 Jahre bin ich nun jung. Und in der Tat jünger als mit 30. Fühl mich körperlich fitter und in der Denke bin ich fast schon ein jugendlicher Rebell. ;-) Stell viel mehr in Frage, sehe viele gesellschaftliche Vorgaben und Werthaltungen viel kritischer – und realistischer.

Mein Rosenkavalier sitzt in Hamburg. Noch. Er wird aber demnächst zu mir übersiedeln. Sehe dem mit gemischten Gefühlen entgegen. Sicher freue ich mich schon drauf, dass ich ihn nicht nur am Wochenende sehe, aber ich genieße diese Love-Weekends ohne Alltag schon auch sehr. Lass die Veränderung unserer Beziehung aber jetzt einfach mal auf mich zukommen. So wie ich Einiges in den letzten Jahren auf mich zukommen habe lassen. Und es sind in der Tat etliche sehr erfreuliche Erlebnisse und Erfahrungen und Erfolge auf mich zugekommen – ohne verbissen geplante Anstrengung meinerseits. Diese neu gewonnene Lockerheit will ich um keinen Preis der Welt mehr missen. Nicht, dass ich schon die "Queen of Lockerheit" wäre, aber ich bin ganz gut unterwegs – bin schon viel seltener verkrampft und verbissen. Jedenfalls tu ich mir mit mir in letzter Zeit irgendwie leichter. Und das ist für mich momentan der einzige Maßstab, der zählt. Mein Wohlbefinden! Obwohl ich schon wahrnehme, dass die Menschen um mich diese Veränderung auch durchaus angenehm empfinden. Aber das ist nur ein schöner Nebeneffekt. Weil: Allen recht getan ist bekanntlich eine Kunst, die niemand kann. Und ich will gottlob nicht länger mehr der erste Mensch sein, der das schafft.

Mein Büro ähnelt ob der Rosenpracht zwar ein wenig einem Krematorium, aber es sieht schon auch sehr cool aus. Könnt eine Szene einer amerikanischen Soap sein, die ich unverändert gerne sehe. Und trotz leichtem Kopfweh vom intensiven Rosenduft: Fühle mich ein klein bisschen wie ein Star. ☺

THAT'S IT!

Allen recht getan ist eine Kunst, die niemand kann. Aber auch so bin ich ab und zu ein Star.

Manchmal kommt es plötzlich, wie man will

Das soeben mir dargebrachte Ständchen von meinen drei Kooperationspartnern finde ich auch genial. Comedian Lawyerist sozusagen. Ja, die Entscheidung mich bei diesen drei originellen Jungs einzuklicken, war wirklich eine gelungene. Hat sich so was von total unerwartet ergeben. Ich habe einen der drei durch Caro bei einem Fest kennen gelernt. Er hat mir damals, ohne zu wissen, was ich beruflich tue, erzählt, dass er mit drei Kollegen eine Anwaltskanzlei hat und dass jetzt nach 7 Jahren gemeinsamen Werkens eine strategische Neu-Ausrichtung notwendig ist. Dafür wollen sie auch Kooperationen mit artverwandten Bereichen eingehen – z. B. mit Wirtschaftsprüfern. Ich habe mir das damals angehört, aber nicht wirklich gleich drauf reflektiert.

Am nächsten Tag, als ich wieder mal vergebens mit der Suche nach einem geeigneten Kanzleipartner beschäftigt war, habe ich mich endlich gefragt, ob ich mir diesen ganzen notwendigen Infrastruktur-Aufbau wirklich antun will. Diese Frage hatte ich schon längere Zeit in mir, hab sie mir aber nicht "offiziell" zu stellen getraut, weil ich noch keinen weiteren "sidestep" machen wollte ... Aber schon die Überlegung, mutterseelen-allein für den ganzen Computer-Kram zuständig zu sein, trieb mir die Schweißperlen auf die Stirn. Und um ehrlich zu sein, ich hatte auch Sorge vor der Einsamkeit eines Ein-Frauen-Betriebs. Bin nämlich gar kein so großer Einzelkämpfer, wie ich mir das wünschen würde. Bin eher ein Rudel-Tier, das soziale Bürokontakte braucht – ja, sogar den Ärger über Kollegen und Mitarbeiter! Ich sehnte mich nach Büro-Ärger und Pflichten. Klingt irgendwie pervers. War aber so. Habe damals bemerkt, wie stark mein Pflichtbewusstsein ein Antrieb für meine Motivation ist. Ich wollte endlich wieder jemandem verpflichtet sein.

Und zwischen zwei missmutig runtergewürgten Spaghetti-Bissen hab ich mir gedacht, dass ich so jemanden wie diesen Rechtsanwalts-Typen gerne als Kanzlei-

Partner hätte. Und wurde noch missmutiger, weil der ja ein Anwalt und kein Wirtschaftsprüfer ist. Und dann ist mir plötzlich wieder seine Kooperations-Geschichte eingefallen. Und ich wurde ganz aufgeregt, bekam Herzklopfen und musste mich bewegen. An dieses Gefühl erinnere ich mich noch gut. Weil ich sofort spürte, dass ich da die für mich passende Arbeitsvariante gefunden habe. Aber mir ist sofort auch eingeschossen, weshalb das nichts werden könnte. Von "die wollen sicher nur mit einer großen Kanzlei kooperieren" bis zu "die kooperieren sicher mit niemandem, der Fehler macht" war die Bandbreite der "Freu-dich-nicht-zu-früh-das-wird-nichts"-Argumente. Ich habe erst vier Tage und zwei Coaching-Stunden später den Mut gefunden anzurufen. Dabei hab ich so arg geschwitzt, dass der Telefonhörer nach dem 10-minütigem Gespräch nass war und ich meine Bluse umziehen musste. Aber die Schwitzattacke und auch das mehrwöchige hin- und her-verhandeln haben sich ausgezahlt. Beides war unangenehm, denn unsere Kooperation war keineswegs sofort beschlossene Sache. Und zeitweise habe ich auch gedacht, dass es letztendlich doch scheitern würde. Aus unterschiedlichsten Gründen. Von der Überlegung, ob ich ausreichend eigene Kunden einbringen werde können bis zur Überlegung, ob sie nicht doch lieber mit einem Mann zusammenarbeiten wollen. Und ich habe mich zeitweise klein und hilflos gefühlt. Aber mein Wunsch und mein von diesem Wunsch motiviertes Durchhaltevermögen haben gesiegt. Wobei das Durchhaltevermögen sehr nach einem Abendessen mit Moni gestärkt wurde. Wir haben uns damals beide vor Augen geführt, wie gut gewisse Ereignisse der Vergangenheit für uns und unsere Entwicklung eigentlich waren. Selbst wenn es auf den ersten Blick nach Katastrophe ausgesehen hat. Diese Retrospektive der Vergangenheit und etwas Reflektieren mit der Gegenwart war unterhaltsam und mental stärkend. Zum Abschluss haben wir uns dann mit großem "Freundinnen-für-Hochs-und-Tiefs"-Eid geschworen, ab sofort beide einfach mal für die nächsten fünf Jahre (für ewig klang uns doch zu melodramatisch) darauf zu vertrauen, dass uns in unserem Leben immer die für uns nachhaltig beste Variante passiert.

Tja, und heute habe ich eine kooperative Bürogemeinschaft mit meinen drei Herrn Rechtsanwälten. Gemeinsame Infrastruktur, eigene Firmen, getrennte Buchhaltung, viele gemeinsame Kunden. Und glatt auch manchmal soviel Spaß wie in der Serie Ally McBeal. Und sogar ein Unisex-Klo. ;-)

THAT'S IT!

Super, dass ich vertrauen kann.

Wie viel Prozent Glück braucht Erfolg?

"Du hast es echt geschafft, Lili. Jetzt bist du noch nicht einmal drei Jahre selbstständig und bist schon unter den ganz wichtigen Persönlichkeiten genannt. Ich bin ja so stolz auf dich. Aber ich hab es ja immer gewusst, dass du Potenzial für Großes in dir hast. Na, da wird die Mädelsrunde aber Augen machen!", jubelt Eva verzückt, aufgeregt mit einer Zeitschrift in der Hand herumwachelnd und in meiner Küche herumtänzelnd. In dieser Zeitschrift gibt es jährlich ein Ranking der einflussreichsten Persönlichkeiten der Wirtschaft. Und ich bin heuer als "Aufsteigerin" mit Foto drin. Das Foto ist zwar so klein, dass wohl auch Evas Perserkatze als Lili durchginge, aber für Evas Entzückung reicht es aus.

Bin im Ranking gelistet, weil ich bei einem größeren Deal als Wirtschaftsprüferin an Bord war. Ist also nichts von Dauer, weil der Deal jetzt abgeschlossen ist und nächstes oder spätestens übernächstes Jahr kein Hahn mehr danach kräht. Wobei: Eine gute Eigen-PR ist es natürlich schon. Und die Nominierung streichelt selbstverständlich meine Eitelkeit! Sicher bin ich auch stolz drauf. Da will ich jetzt gar nicht tiefstapeln. Aber früher wäre ich mit dem "Ich-bin-die-Beste-was-will-das-niedere-Fußvolk-von-mir-Ballon entschwebt. Mit den Erfahrungen der letzten drei Jahre relativiere ich das alles ganz gewaltig. Denn in den letzten Jahren hat sich in meinem Leben soviel verändert, ist so vieles anders gelaufen, als ich es ursprünglich geplant habe, dass ich dem Vorstandsvorsitzenden der Berndorf AG, Norbert Zimmermann, bei seiner Erfolgs-Rechnung zustimme:

> Ein Drittel des Erfolgs ist Können/Wissen/Ausbildung/Intellekt
> Ein Drittel des Erfolgs ist Mut/Einsatz/Energie/Beharrlichkeit
> Und ein Drittel ist Glück.

Und das Glücks-Drittel ist besonders wichtig!

"Aber man muss das Glück auch sehen und ergreifen wollen und können. Und dass du das kannst, darauf darfst du ruhig stolz sein", hat Klara unlängst mal zu mir gesagt, als sie meinte, dass ich jetzt nicht von der Überheblichkeits-Seite auf die Alles-Zufall-Seite in mir fallen soll. "Weil, wenn du nicht aktiv was getan hättest und nicht den Mut zum Ausprobieren und zum Verändern – ja auch zum Fehlermachen – gehabt hättest, dann würdest du heute vermutlich als "Opfer-Häufchen" frustriert und enttäuscht durch ein für dich ödes Leben gehen. Du hast deine Angst Fehler zu machen in den Griff bekommen. Das war nicht nur Glück. Das war harte Arbeit von dir."

THAT'S IT!

Ein Bravo für das Glück! Denn ohne Glück geht gar nix. Und ein doppeltes Bravo für das Talent das Glück auch ergreifen zu können!

Zweifel als Dünger für die Bodenhaftung

Habe ich meine Angst Fehler zu machen wirklich in den Griff bekommen? Ich bin mir nicht sicher. Ich habe zur Zeit einen sehr guten Lauf – privat wie beruflich. Das macht es einfacher "mutig" zu sein. Erfolg macht zweifelsohne selbstsicherer und Selbstsicherheit macht zweifelsohne erfolgreicher. Aber die Sache mit dem Selbstvertrauen ist ja eine recht komplizierte. Es muss von innen wachsen und lässt sich nicht verordnen. Da können noch so tolle Lernprogramme in Lehrbüchern abgedruckt und auf Kassetten bespielt sein. Und noch so allwissende Gurus den Erfolg mit ihrem "sie selbst einst heilenden Stufenprogramm" in x Tagen versprechen (und ein Scheitern gleich mit oberlehrerhafter Schuldzuweisung an den "nicht bereiten, zu wenig offenen Selbstzweifler" erklären). Wobei eines zweifelsohne stimmt: Die eigenen Überzeugungen sind für die Entwicklung einer Persönlichkeit und für ein glückliches, selbstgestaltetes Leben das Um-und-Auf.
Und diese Überzeugungen müssen für mehr Selbstsicherheit und Selbstvertrauen halt manchmal als erstes geändert werden. So eine Werteveränderung will der eine Mensch manchmal sofort und ein anderer kann sich sein ganzes Leben nicht dazu entschließen. Die Veränderung dauert bei einer Person vielleicht nur eine Stunde und bei einer anderen Jahrzehnte. Ich jedenfalls bin trotz Fortschritt derzeit noch in progress ...

Ich zweifle zum Beispiel schon noch – zumindestens einmal im Monat im Zuge des PMS – an mir und meiner Zukunft. Aber ich sehe diesen Zweifel nun als "normal" an, als etwas, das halt zu meiner derzeitigen Persönlichkeit gehört und kein Fehler an mir ist. Sehe diesen Zweifel durchaus auch als etwas Konstruktives. Nicht als positiv – das wäre nun auch wieder zuviel des Guten –, aber als konstruktiv.

Halte es da nämlich ganz mit Mephisto: "So verlierst wenigstens nicht die Bodenhaftung und den Blick für die auch sonst noch existierenden Wirklichkeiten", hat er mir unlängst im Chat geschrieben. Übrigens: Mephisto und ich sind jetzt nicht mehr nur Chat-Freunde, treffen uns auch so ab und an im Kaffeehaus. War kein Fehler, damals zu seiner Geburtstagsparty zu gehen. ;-) War gut, dass ich meinem Bauchgefühl gefolgt bin. Und meinen Hausverstand eingesetzt habe um dieses Bauchgefühl zu übersetzen mit: "He Lili, du bist neugierig auf Mephisto. Willst sehen, ob er so gut aussieht wie du ihn dir vorstellst. Und ob er auch im Face-to-face-Gespräch so kluge Sätze von sich gibt. Du bist neugieriger, als du Angst hast, er könnte hässlich, unsexy oder doof sein. Es ist der richtige Zeitpunkt, dem teuflischen Nickname ins Gesicht zu sehen."

THAT'S IT!

Ein Hoch dem Hausverstand und den Bauchgefühlen!

Philosophischer Output: Die 3-L-"Theorie"

Evas Begeisterungsausbruch über mein Zeitungs-Ranking beschäftigt mich noch zwei Tage später. Ihr "Du hast es echt geschafft, Lili" hat eine philosophische Diskussion in mir ausgelöst. Und weil ich mit mir allein nicht das Auslangen in meiner inneren Debatte finde, maile ich mitten unter Tags, spontan und ohne sichtlichen Anlass an Moni:

liebe moni,

weißt, was ich mich seit evas ausruf "lili, jetzt hast du's geschafft" frage? wann hat man's geschafft? ich mein, ich war grad mal in einer mehr-oder-weniger-bedeutenden zeitung ziemlich klein in einem ranking mit x anderen erwähnt, und eva denkt schon, ich hätt's geschafft. Ich seh das nicht so, aber ich weiß ehrlich gesagt gar nicht, ab wann ich meinen täte, dass ich es geschafft habe.
was meinst du?
hat man's geschafft, wenn man reich ist - aber wie reich?
... wenn man glücklich ist - aber wie glücklich?
... wenn man bekannt ist - aber wieviel und bei wem bekannt?

… wenn man in der Zeitung steht - aber wie oft und in welcher, und in welcher rubrik?
… wenn man angestellt ist und unkündbar - aber wo angestellt?
… wenn man selbständig und unabhängig ist - aber in welchem bereich?
… wenn man verheiratet ist und kinder hat - aber mit wem verheiratet und wie viele kinder?
… wenn man fehlerlos ist - aber wer bewertet's?

ich könnte diese Liste noch endlos weiterführen, ohne auf eine lösung zu kommen.

aber vielleicht bist du ja schlauer als ich.

b-l

Das Unangenehme am E-Mailen ist, dass ich, seit es E-Mail gibt, noch ungeduldiger geworden bin. Kaum habe ich den Sende-Button gedrückt, schon warte ich auf eine sofortige Reaktion oder Antwort meines Kommunikationspartnerns. "Ich maile zumindest immer gleich zurück, dass ich keine Zeit habe für eine ausführliche Antwort", maule ich leicht angefressen vor mich hin, als ich auch nach einer Stunde noch keine Antwort von Moni bekommen habe. "Das ist eine essentielle Frage, mit der sich auseinanderzusetztten auch mal Moni nicht schaden kann", rechtfertige ich mein Mail und meine Ungeduld gegenüber den aufkommenden Bitte-das-ist-doch-nix-Dringendes-und-auch-nix-so-Wichtiges-Gedanken. Wäre ein weiterer Punkt auf meiner Liste: Hat man's geschafft, wenn man geduldig ist? Oder wenn man nicht mehr versucht ist, neun-mal-klug zu wissen, was für den anderen Menschen gut ist und wichtig sein sollte?
Gegen Mitternacht bekomm ich dann endlich Monis Antwort:

hi lili,

interessante frage. hab grad beim abendessen mit peter darüber gebrainstormt. sind nicht wirklich zu einer lösung gekommen. am ehestens noch zu der, dass materielle maßstäbe für's "geschafft haben" nicht ausreichen. materielles ist zu schnell wieder vernichtbar.

sind dann mehr so auf immaterielles gekommen. aber auch mit offenem ende und jeder menge fragezeichen. also unsere liste sieht mal so aus:

man hat's geschafft, wenn man nicht an fehlschlägen verzweifelt - aber wie stark darf so ein nervenkostüm sein, damit man dadurch nicht unsensibel wird?

… wenn man sich nicht selbst aufgibt - aber wo fängt krankhafter egoismus an?

… wenn man verzichten kann, wenn man nicht mit gewalt etwas erzwingt - aber wo fängt gleichgültigkeit an?

… wenn man stoische gelassenheit statt chaotischem aktionismus in sich hat - aber ab wann ist es abputzen statt eingreifen?

oh mann, die griechischen philosophen hätten ihre freude an uns. also wie auch immer: peter und ich kommen auf keine lösung. zumindest nicht mehr heute. hau mich jetzt aufs ohr, war ein heavy tag.

bussi
moni

Ja, was so eine flott dahingesagte Belobigung an philosophischem Output erzeugen kann. Eva wird's nicht packen, wenn ich ihr das erzähle. Denke, ihr "Geschafft"-Level ist jedenfalls ein anderes als meins. Und mit Monis und Peters immaterielle Abhandlung fängt sie sicher überhaupt nichts an. Seh in Gedanken richtig vor mir, wie sie ihr Unverständnis mit ihren Augen ausdrückt: Sie wird dabei ihre Augen nach oben drehen und sie entrüstet von rechts nach links und von links nach rechts gleiten lassen. Schaut lustig aus. Ich mag Evas Augensprache echt gerne. Da weiß man immer wie man dran ist. Lachend über Evas Augen und Mimik mache ich Tages-Schluss mit Computern und Philosophieren.

"Wann hat man's eigentlich geschafft?", frage ich Martin, einen meiner drei Rechtsanwalts-Männer, am nächsten Tag, während wir uns am Würstelstand unser Mittagessen reinziehen.
"Wennst tot bist", antwortet er mir spontan und trocken.
"Oder wennst Käsekrainer essen kannst, ohne dich anzupatzen", ergänzt er spitzbübisch grinsend, mir den Senf von meinem Mantel wegwischend.

Seiner Bratwurst zugewandt ergänzt er: "Aber im Ernst: Ich denke, wenn man liebt und wiedergeliebt wird. Ist nicht von mir. Hab's im Film Moulin Rouge gehört. Der Film hat mir ja weniger gefallen, aber das hab ich mir gemerkt. Das finde ich wirklich, so wie der Hauptdarsteller singt: "the greatest thing". Dann hat man's, denke ich, geschafft."
Um mich, nach einem Schluck Frucade, mit gespielter Verzweiflung anzusehen und aufzustöhnen: "Oh Gott, ich klinge wie ein Frauen-Versteher! Nein, ich muss mich sofort korrigieren: Geschafft hat man's natürlich, wenn man einen Lamborghini Murciélago fährt und von Hugh Heffner zu einer Privatparty auf dem Playboy-Anwesen eingeladen ist."
Und auch wenn's nur Situationskomik ist, ich muss einfach herzhaft lachen.
Herrlich – ich liebe es zu lachen! Und das vergeht mir Gott sei Dank auch nicht so schnell. Zur Zeit hab ich aber wirklich wieder ausgesprochen viel zu lachen. Mein derzeitiges Leben ist schwer o.k.
Auch ohne definitives "Geschafft!" ;-))

Ich halte Menschen für erfolgreich,
die eine positive Spur hinterlassen.
Die einen inneren Antrieb haben,
die kleine Welt, in der sie leben,
eine Spur besser zu machen.
Dr. Gottwald Kranebitter/Wirtschaftstreuhänder
Senior-Partner bei KPMG

THAT'S IT!

Mein persönliches Fehler-Survival-Training – die 3 Ls: Lachen – Leben – Lieben

Und was ist Ihr "That's it" zum Thema dieses Kapitels?

Und was ist Ihr "That's it" zu diesem Buch?

Anhang

Antreiber-Test

Beantworten Sie die Aussagen dieses Tests mit Hilfe der nachstehenden Bewertungsskala (1 – 5), so wie Sie sich im Moment in Ihrer Berufswelt sehen.
Kreuzen Sie den entsprechenden Zahlenwert jeweils neben die entsprechende Formulierung.

Die Aussage trifft auf mich (in meiner Berufswelt) zu:

VOLL UND GANZ	=	5
GUT	=	4
ETWAS	=	3
KAUM	=	2
GAR NICHT	=	1

Bitte versuchen Sie spontan zu antworten und versuchen sie nicht zu erraten, was "richtig" ist!
Denn: Es gibt kein richtig/falsch oder gut/böse in diesem Test. Er soll nur deutlich machen, was für "Werte/Regeln" Sie antreiben. Und eventuell zu sehr stressen und dadurch negativ belasten. Durch Nachsicht mit sich selbst (und das Vorsagen von "Erlauber"-Sätzen) können sie sich durchaus ent-stressen und so eine gute Basis für den persönlichen Erfolg und die eigene Zufriedenheit mit sich selbst schaffen.

1)	1 2 3 4 5	Wann immer ich eine Arbeit mache, mache ich sie gründlich.
2)	1 2 3 4 5	Ich fühle mich verantwortlich, dass diejenigen, die mit mir zu tun haben, sich wohlfühlen.
3)	1 2 3 4 5	Ich bin ständig auf Trab.
4)	1 2 3 4 5	Wenn ich raste, roste ich.
5)	1 2 3 4 5	Anderen gegenüber zeige ich meine Schwächen nicht gerne.
6)	1 2 3 4 5	Häufig gebrauche ich den Satz: "Es ist schwierig, etwas so genau zu sagen."
7)	1 2 3 4 5	Ich sage oft mehr, als eigentlich nötig wäre.
8)	1 2 3 4 5	Ich habe Mühe Leute zu akzeptieren, die nicht genau sind.
9)	1 2 3 4 5	Es fällt mir schwer Gefühle zu zeigen.
10)	1 2 3 4 5	"Nur nicht lockerlassen" ist meine Devise.
11)	1 2 3 4 5	Wenn ich eine Meinung äußere, begründe ich sie auch.
12	1 2 3 4 5	Wenn ich einen Wunsch habe, erfülle ich ihn mir schnell.
13)	1 2 3 4 5	Ich liefere einen Bericht erst ab, wenn ich ihn mehrere Male überarbeitet habe.
14)	1 2 3 4 5	Leute, die herumtrödeln, regen mich auf.
15)	1 2 3 4 5	Es ist für mich wichtig von anderen akzeptiert zu werden.
16	1 2 3 4 5	Ich habe eher eine harte Schale, aber einen weichen Kern.

17) 1 2 3 4 5 Ich versuche oft herauszufinden, was andere von mir erwarten, um mich danach zu richten.

18) 1 2 3 4 5 Leute, die unbekümmert in den Tag hinein leben, kann ich nur schwer verstehen.

19) 1 2 3 4 5 Bei Diskussionen unterbreche ich die anderen oft.

20) 1 2 3 4 5 Ich löse meine Probleme selber.

21) 1 2 3 4 5 Aufgaben erledige ich möglichst rasch.

22) 1 2 3 4 5 Im Umgang mit anderen bin ich auf Distanz bedacht.

23) 1 2 3 4 5 Ich sollte viele Aufgaben noch besser erledigen.

24) 1 2 3 4 5 Ich kümmere mich persönlich auch um nebensächliche Dinge.

25) 1 2 3 4 5 Erfolge fallen nicht vom Himmel, ich muss sie hart erarbeiten.

26) 1 2 3 4 5 Für dumme Fehler habe ich wenig Verständnis.

27) 1 2 3 4 5 Ich schätze es, wenn andere meine Fragen rasch und bündig beantworten.

28) 1 2 3 4 5 Es ist mir wichtig von andern zu erfahren, ob ich meine Sache gut gemacht habe.

29) 1 2 3 4 5 Wenn ich eine Aufgabe einmal begonnen habe, führe ich sie auch zu Ende.

30) 1 2 3 4 5 Ich stelle meine Wünsche und Bedürfnisse zugunsten der Bedürfnisse anderer Personen zurück.

31) 1 2 3 4 5 Ich bin anderen gegenüber oft hart, um von ihnen nicht verletzt zu werden.

32) 1 2 3 4 5 Ich trommle oft ungeduldig mit den Fingern auf den Tisch (ich bin ungeduldig).

33) 1 2 3 4 5 Beim Erklären von Sachverhalten verwende ich gerne die klare Aufzählung: erstens ...; zweitens ...; drittens ...

34) 1 2 3 4 5 Ich glaube, dass die meisten Dinge nicht so einfach sind, wie viele meinen.

35) 1 2 3 4 5 Es ist mir unangenehm andere Leute zu kritisieren.

36) 1 2 3 4 5 Bei Diskussionen nicke ich häufig mit dem Kopf.

37) 1 2 3 4 5 Ich strenge mich an, um meine Ziele zu erreichen.

38) 1 2 3 4 5 Mein Gesichtsausdruck ist eher ernst.

39) 1 2 3 4 5 Ich bin nervös.

40) 1 2 3 4 5 So schnell kann mich nichts erschüttern.

41) 1 2 3 4 5 Meine Probleme gehen die anderen nichts an.

42) 1 2 3 4 5 Ich sage oft: "Tempo, Tempo, das muss rascher gehen!"

43) 1 2 3 4 5 Ich sage oft: "genau", "exakt", "klar", "logisch" u.Ä.

44) 1 2 3 4 5 Ich sage oft: "Das verstehe ich nicht ..."

45) 1 2 3 4 5 Ich sage gerne: "Könnten sie es nicht einmal versuchen?" und sage nicht gerne: "Versuchen sie es einmal."

46) 1 2 3 4 5 Ich bin diplomatisch.

47) 1 2 3 4 5 Ich versuche die an mich gestellten Erwartungen zu übertreffen.

48) 1 2 3 4 5 Ich mache manchmal zwei Tätigkeiten gleichzeitig.

49) 1 2 3 4 5 "Die Zähne zusammenbeißen" heißt meine Devise.

50) 1 2 3 4 5 Trotz ernormer Anstrengungen will mir vieles einfach nicht gelingen.

Auswertung

Zur Auswertung des Fragebogens tragen Sie bitte Ihre Bewertungszahlen für jede Frage auf dem folgenden Auswertungsbogen ein.
Zählen Sie die Bewertungszahlen anschließend pro Block zusammen.

"SEI PERFEKT"

Fragen	1 _____	8 _____	11 _____	13 _____	23 _____
	24 _____	33 _____	38 _____	43 _____	47 _____
				TOTAL	

"MACH SCHNELL"

Fragen	3 _____	12 _____	14 _____	19 _____	21 _____
	27 _____	32 _____	39 _____	42 _____	48 _____
				TOTAL	

"STRENG DICH AN"

Fragen	4 _____	6 _____	10 _____	18 _____	25 _____
	29 _____	34 _____	37 _____	44 _____	50 _____
				TOTAL	

"MACH ES ALLEN RECHT"

Fragen:	2 _____	7 _____	15 _____	17 _____	28 _____
	30 _____	35 _____	36 _____	45 _____	46 _____
				TOTAL	

"SEI STARK"

Fragen	5 _____	9 _____	16 _____	20 _____	22 _____
	26 _____	31 _____	40 _____	41 _____	49 _____
				TOTAL	

Auswertung

Um die Ausprägungen Ihrer Antreiber noch sichtbarer zu machen, bitten wir Sie, nun noch die Totalwerte jedes Antreibers auf das folgende Schema zu übertragen.

50				50
49				49
48				48
47				47
46				46
45				45
44				44
43				43
42				42
41				41
40				40
39				39
38				38
37				37
36				36
35				35
34				34
33				33
32				32
31				31
30				30
29				29
28				28
27				27
26				26
25				25
24				24
23				23
22				22
21				21
20				20
19				19
18				18
17				17
16				16
15				15
14				14
13				13
12				12
11				11
10				10
"Sei perfekt"	"Mach schnell"	"Streng dich an"	"Mach es allen recht"	"Sei stark"

Stresswerte = ab 30 **ungesund = ab 40**

Antreiber = Stressprogramme

Um in den Antreiber zu kommen, ist Stress notwendig.
Antreiber haben keinen Maßstab.
Antreiber versprechen Erfolg und Bestätigung, halten dies aber nicht.
Dies insbesondere nicht, weil sie kein Maß kennen, wann etwas genug ist.
Antreiber werden von Autoritätspersonen verbal oder durch Modell vermittelt. Dies geschieht durchwegs im guten Glauben, dass man so gut durchs Leben kommt.

Antreiber sind interne, in der Kindheit gelernte Anweisungen, die wir – ohne rechte Bewusstheit – uns selber geben, wenn wir unter Stress kommen, bzw. wir uns in unserem Selbstbeweusstsein angeknabbert fühlen.

SEI PERFEKT

interner Glaube:
"Ich müsste eigentlich alles noch besser machen, ich bin nicht gut genug."

MACH SCHNELL

interner Glaube:
"Ich müsste eigentlich viel fixer sein, ich werde nie fertig."

STRENG DICH AN

interner Glaube:
"Ich muss mich wenigstens bemühen, wenn ich es auch nicht schaffe."

MACH ES ALLEN RECHT

interner Glaube:
"Ich muss alle zufrieden stellen, sonst bin ich wertlos."

SEI STARK

interner Glaube:
"Niemand darf es merken, dass ich schwach, empfindlich, ratlos bin."

Erlauber

"dominizieren" Antreiber. Sie sind wie Lizenzen (wie ein Führerschein), man darf alles tun und sein, aber man muss nicht.
Hier einige mögliche Erlauber-Sätze – zum Übernehmen oder als Ideeninput für Ihre eigene Satz-Kreation.

SEI PERFEKT

Ich darf Fehler machen und aus ihnen lernen. Ich bin gut genug.

MACH SCHNELL

Ich darf mir die Zeit nehmen, die ich brauche. Ich darf meinen Rhythmus und meine Form berücksichtigen.

STRENG DICH AN

Ich darf locker und mit Zielorientierung arbeiten. Ich darf erfolgreich sein und Erfolge genießen.

MACH ES ALLEN RECHT

Ich darf mich selber und meine Bedürfnisse ernst nehmen. Ich bin o.k., auch wenn jemand unzufrieden mit mir ist.

SEI STARK

Ich darf offen sein für Zuwendung und auch für Konfrontation. Ich darf mir Hilfe holen.

Umgang mit Antreibern:

- **Bewusst machen/erkennen**
- **Gewohnten Ablauf unterbrechen**
- **Sich innerlich eine Gegenbotschaft geben (Erlauber-Sätze)**
- **Mit neuem Verhalten experimentieren**
- **Das Feedback bewusst registrieren**

Sprüche-Rubrik

Galileo Galilei:
Man kann einen Menschen nichts lehren.
Man kann ihm nur helfen, es in sich selbst zu entdecken.

Prof. Friedemann Schulz von Thun/Kommunikationspsychologe und Buchautor (Miteinander reden 1, 2, 3):
Wer den Prozess der integrierten Antwortmuster seines inneren Teams und die Auseinandersetzung mit sich selbst und der Rolle scheut und auf die Fertigwaren der Ratgeber vertraut, bleibt ein armer Wicht und ist von souveräner Professionalität ebenso weit entfernt wie von menschlicher Integrität.

Bill Cosby/amerikanischer Schauspieler:
I don't know the key to success,
but the key to failure is trying to please everybody.

amerikanisches Sprichwort:
Those who don't play can't win.

Mag. Ernst Christian Astecker/
Leiter Strategisches Marketing beim Verbund:
Erfolg kommt nicht nur durch Inspiration
sondern vor allem durch Transpiration.

Dietrich Ascher/Industrieller:
So wie es ist, so ist es gut!
Weil gut sein muss, was sich so tut!
Der Teufel hat das Schlecht erfunden
und zeitweis uns damit geschunden,
doch jag ich ihn mit festem Mut,
ja – wie es ist, so ist es gut!

Bode Miller/Abfahrts-Olympiasieger:
"Ich muss meine Fehler machen.
Nur wer Fehler macht, kann sich verbessern."

Aus "Hagakure – Der Weg des Samurai" von Tsunetomo Yamamoto:
Kümmere dich nicht um Kleinigkeiten.
Ein japanisches Sprichwort lautet: "Ein Mann großer Taten kümmert sich wenig um seine Fehler." Ein Gefolgsmann wird nicht unansehnlich, wenn er den Dingen gegenüber liberal eingestellt ist, hin und wieder seinen eigenen Weg geht und dabei ein wenig Ärger erzeugt, solange er danach trachtet, dem Fürsten mit unbeugsamer Loyalität zu dienen, die ich im Detail im "Gukenshu" erläuterte.
Ein in allem untadeliger Mann allerdings hat etwas Hässliches an sich. Er wird sich wahrscheinlich einer Angelegenheit höchster Wichtigkeit nicht mit größter Inbrunst widmen. Ohne Fehler, so heißt es, kann ein Mann nichts Großes vollbringen. Wer ein erhabenes Ziel hat, so heißt es weiter, fühlt sich bei seinen kleinen Vergehen nicht unglücklich.

Dr. Stefan Prochaska/Rechtsanwalt:
Um nachhaltig erfolgreich zu sein,
muss man sich selbst ehrlich bewerten können.

Werner Niefer, Vorstandsvorsitzender Mercedes Benz AG 1989-93:
Imagepflege ist keine Lackpflege, kein Aufpolieren von Oberflächenglanz, sondern eine Frage der Qualität der ganzen Konstruktion.

Gilbert Moser/Braumeister von Puntigamer:
Leute, die engagiert sind, machen Fehler.
Statt die Energie ins Rechtfertigen zu stecken,
sollte man aber sofort ans Verbessern gehen.
Und vermeiden, den gleichen Fehler zwei Mal zu machen.

Und an welche Sprüche und Zitate erinnern Sie sich gerne?

Mantra des Dalai Lama

Dieses Dalai Lama-Mantra hat schon viele Menschen per E-Mail erreicht. Aber es ist wert immer wieder gelesen zu werden:

- Beachte, dass große Liebe und große Erfolge immer mit großem Risiko verbunden sind.
- Wenn du verlierst, verliere niemals die Lektion.
- Habe stets Respekt vor dir selbst, Respekt vor anderen und übernimm Verantwortung für deine Taten.
- Bedenke: Nicht zu bekommen was man will, ist manchmal ein großer Glücksfall.
- Lerne die Regeln, damit du sie richtig brechen kannst.
- Lasse niemals einen kleinen Disput eine große Freundschaft zerstören.
- Wenn du feststellst, dass du einen Fehler gemacht hast, ergreife sofort Maßnahmen, um ihn wieder gut zu machen.
- Verbringe jeden Tag einige Zeit allein.
- Öffne der Veränderung deine Arme, aber verliere dabei deine Werte nicht aus den Augen.

- Bedenke, dass Schweigen manchmal die beste Antwort ist.
- Lebe ein gutes, ehrbares Leben. Wenn du älter bist und zurückdenkst, wirst du es noch einmal genießen können.
- Eine liebevolle Atmosphäre in deinem Heim ist das Fundament für dein Leben.
- In Auseinandersetzungen mit deinen Lieben sprich nur über die aktuelle Situation. Lasse die Vergangenheit ruhen.
- Teile dein Wissen mit anderen. Dies ist eine gute Möglichkeit, Unsterblichkeit zu erlangen.
- Gehe sorgsam mit der Erde um. Begib dich einmal im Jahr an einen Ort, an dem du noch nie gewesen bist.
- Bedenke, dass die beste Beziehung die ist, in der jeder Partner den anderen mehr liebt als braucht.
- Messe deinen Erfolg daran, was du für ihn aufgeben musstest.
- Widme dich der Liebe und dem Kochen mit ganzem Herzen.

Text & Film & Musik

Eine kleine Auswahl an Irritations-, Inspirations- und Informationsquellen. Und natürlich auch zum Entspannen, Genießen und Freuen ;-)

Text

Mira Lobe: Das kleine ich bin ich (Verlag Jungbrunnen)
Spencer Johnson: Die Mäuse-Strategie für Manager. Veränderungen erfolgreich begegnen (Ariston)
Friedrich Schulz von Thun: Mit einander reden 1, 2, 3 (rororo)
Robert I. Sutton: Weird ideas that work. (Allen Lane the Penguin Press)
Joseph Murffay: Die Quelle deiner Kraft
Joseph Murffay: Die Macht Ihres Unterbewusstseins
Rotraud A. Perner: Die Tao-Frau. Der weibliche Weg zur Karriere (C. H. Beck)
Rotraud A. Perner: Lust Macht Mut. Ein Strategiehandbuch für Frauen (Ueberreuter)
Doris Märtin: Image-Design (Heyne)
Verena Kast: Neid und Eifersucht (dtv)
Eugen Herrigel: ZEN – in der Kunst des Bogenschießens (Otto Wilhem Barth Verlag)
Julia Cameron: Der Weg des Künstlers (Knaur)
Paul Watzlawick: Wie Wirklich ist die Wirklichkeit (Piper)
Tsunetomo Yamamato: Hagakure - Der Weg des Samurai (Piper)
Barbara J. Gallagher, Warren H. Schmidt: Unter Pinguinen. Ein tierisches Teambuch (Redline Wirtschaft by Ueberreuter)
Allan E. Mallinger/Jeannette DeWyze: Gnadenlos Perfekt (Edition Oesch)
Herbert Fensterheim/Jean Baer: Sag nicht ja, wenn du nein sagen willst (Orbis Verlag)

Martin Schneider: Teflon, Post-it, und Viagra. Große Entdeckungen durch kleine Zufälle (Wiley-VCH)

Film

Frühstück bei Tiffany (USA 1960, Regie: Blake Edwards)
My fair Lady (USA 1964, Regie: Georg Cukor)
Besser geht's nicht (USA 1998, Regie: James L. Brooks)
Matrix (USA 1999; Regie: Andy Wachowski & Larry Wachowski)
Ally McBeal (amerikan. Kult-Serie; Hauptdarstellerin: Calista Flockhart)
Sex and the City (amerikan. Kult-Serie nach dem Buch von Candace Bushnell, Hauptdarstellerin: Sarah Jessica Parker)

Musik

Barry White (Barry White's Greatest Hits, 1988 by Mercury [Universal])
Rolling Stones (Forty Licks, 2002 by Virgin Ben (EMI))
Nena (20 Jahre Nena - Nena feat.Nena, 2003 by Warner Strategie Marketing)
Wolfgang Ambros (Das Beste von vol. 1–3; 1996 by Bellaphone Records)
The Beatles (One, 2000 by Apple (EMI))
Robbie Williams (Swing When you're Winning, 2001 by Chrysalis [EMI])
Coming home II - warming up your living area (2002 by STEREO DELUXE REC.)
Sergey Prokofiev (Romeo und Julia, 1995 by EMI Classics)

Quellen

S. 137–145: "Antreiber-Test" mit freundlicher Genehmigung von Herrn Mag. Ferry Fischer, aus: "Im Gleichgewicht zu Spitzenleistungen", Signum Verlag, 1999

Studie zeigt: Fehler-Angst ade!

Denn: Auf's persönliche Fehlermanagement kommt's an!

"Fehler" - ein Thema, das wohl jeden betrifft. Und zu dem jeder eine Meinung hat. Deshalb beauftragte konzept pr das Gallup-Institut mit einer repräsentativen "Fehler-Studie". 435 berufstätige ÖsterreichInnen zwischen 25 und 50 Jahren wurden befragt, ob und welche Fehler sie als hinderlich auf dem Erfolgsweg sehen.

Am persönlichen Weiterkommen sehen sich durch einen Fehler nur mehr wenige ÖsterreicherInnen behindert:
49 % gar nicht
33 % etwas
12 % stark

Einen Fehler sogar zum beruflichen Aufstieg nutzen konnten:
6 % der Männer, aber nur 1 % der Frauen!

Doch stehen **klassische Lerndefitizite** (z.B. mangelnde Ausbildung, Sprachkenntnisse) als vermutete Erfolgs-Hemmnisse **noch immer ganz oben auf der Fehler-Liste der ÖsterreicherInnen.**

UND WIE SEHEN'S DIE BOSSE?

Parallel dazu interviewte die Autorin mit Unterstützung von Doris Puchegger mehr als 20 Firmen-Chefs und Vorstände, u.a. von IBM, T-Mobile, Generali. Sie hinterfragten, wie diese Top-Leute zu den eigenen Fehlern und zu jenen der MitarbeiterInnen auf dem Erfolgs-Weg stehen.

Die Kernaussagen:

Besser konstruktiv statt fehler-los
Nicht das Fehler-los-Sein, sondern das konstruktive Handeln auf Grund eines Fehlers bzw. dessen Korrektur, also optimales Fehlermanagement, zeugen von Leadership-Qualität.

Sich auch mal anzweifeln können ist ein Plus
Regelmäßige Selbstreflexion wird immer wichtiger für erfolgreiche Führungskräfte und angesehene Experten.

Fachliches Know-how ist Basis
Ausbildungen und Zeugnisse sind für's Recruiting hilfreich. Für den weiteren Erfolgs-Weg zählen aber vor allem Interesse und Engagement. Klassische Lerndefizite sind selten echte Stolpersteine. Denn alles ist erlernbar.

Persönlichkeit ist immer entscheidender
Charakterlich gefestigte Persönlichkeit, unternehmerisches Denken und die Bereitschaft zur Weiterentwicklung sind immer häufiger Entscheidungskriterien für die Nominierung in leitende Funktionen und für die Berufung in Projektteams.

Wir haben Ihr Interesse an dem Thema geweckt? Sie wollen detailliertere Infos oder eine Präsentation? Bitte senden Sie uns ein Email:

office@konzeptpr.at
www.konzeptpr.at